1200 Jahre Themar

Festschrift zur 1200-Jahrfeier der Stadt Themar

Autorenkollektiv:
Gesamtleitung: Jürgen Mäder
Traugott Abeßer
Siegmar Banz
Hermann Beyhl
Erhard Flurschütz
Walter Haake
Volker Morgenroth
Horst Preuß
Klaus Stang
Oberpfarrer Hartmut Wenzel
Dr. Günther Wölfing

Herausgeber:
Stadt Themar

Verlag Börner PR Meiningen

ISBN 3-930675-08-0

Trachten aus der Umgebung Themars, Foto: Mittag, Themar

Themarer Heimatlied

Laßt uns singen frohe Weisen,
laßt sie klingen fort und fort.
Unsre Heimat wolln wir preisen
und den lieben Heimatort.

Refr.: Themar, du im grünen Kranze,
Wiesenschmuck und Waldesruh,
/: Wie du strahlst im Sonnenglanz,
Ach, wie einzig schön bist du! :/

Uns erfaßt ein selig Schauern,
wenn im andachtsvollen Chor
Deine turmbewehrten Mauern
flüstern Sagen uns ins Ohr.

Zu dir, Heimat, wolln wir stehen,
allzeit fest in Lieb und Treu.
Mögest du, wenn wir vergehen,
ewig bleiben stark und frei.

Hugo Walther

Behelfsbrücke über die Werra nach 1945, 1961 abgerissen
Foto: Mittag, Themar

Grußwort
des Thüringer Ministerpräsidenten
Dr. Bernhard Vogel zum 1200jährigen Bestehen
der Stadt Themar

Die Stadt Themar begeht in diesem Jahr ein stolzes Jubiläum 1200 Jahre Themar - bei weitem nicht alle Städte und Gemeinden, weder in Thüringen noch in ganz Deutschland, können auf eine so lange Geschichte zurückblicken. Die Stadt erlebte im Laufe der wechselvollen Zeitläufe manche Blütezeit, aber auch so manche bittere Stunde. Wer die 1200 Jahre Themar in den Blick nimmt, wird darin unschwer ein Stück deutscher Geschichte mit ihren Höhen und Tiefen wiedererkennen und das Schicksal von Generationen, die stets das Beste aus ihren jeweiligen Lebensumständen zu machen suchten. Was allerdings nicht immer gelang.

Im Jahr 796 findet sich die erste urkundliche Erwähnung Themars als „Villa Tagamari" in einer Schenkungsurkunde. Damit ist Themar nur unwesentlich jünger als Frankfurt am Main, das zum erstenmal 793 in schriftlichen Überlieferungen erwähnt wird. Von der Bedeutung für die gesamte Region, die Themar im Mittelalter erlangte, kündet noch heute die spätmittelalterliche Wehrmauer mit den drei von insgesamt sieben erhaltenen Rundtürmen.

Doch eine günstige geographische Lage, die das Aufblühen von Handel und Wandel begünstigt - in Themar kreuzen sich alte Handelswege, die Nord und Süddeutschland miteinander verbanden - kann sich auch als nachteilig erweisen. Diese Erfahrung haben die Themarer u. a. auch im Dreißigjährigen Krieg machen müssen, als ihre Stadt mehrmals nacheinander durch Kriegseinwirkungen verwüstet wurde. Es spricht für Mut, Fleiß, Tatkraft und handwerkliches Geschick, mit welchem Aufbauwillen sich die Bürgerinnen und Bürger nach den Zerstörungen im 17. Jahrhundert wieder ans Werk machten und ihr Gemeinwesen bald wieder zu neuer Blüte führten.

Dieser Charakterzug - Fleiß, Bürgersinn und Optimismus - hat sich bis heute erhalten. Als es nach dem Zweiten Weltkrieg galt, die Trümmer zu beseitigen, packten die Themarer wieder beherzt an. Auch unter den erschwerten Bedingungen der Nachkriegszeit und einer sozialistischen Wirtschaftspolitik, die einseitig den Aufbau größerer Industriebetriebe förderte und die die kleinen und mittleren Handwerksbetriebe, seit eh und je Rückgrat der wirtschaftlichen Entwicklung der Stadt, systematisch vernachlässigt, brachte es Themar dennoch wieder zu einem bescheidenen Wohlstand.

Mit dem Fall der Mauer und der Überwindung der deutschen Teilung kann Themar wieder an die Vorzüge, die sich aus seiner geographischen Lage ergeben, und an die lange Tradition einer Handwerks- und Handelsstadt anknüpfen. Die nach der Wende neu entstandenen Klein- und Mittelbetriebe stellen einen großen Unternehmergeist und Unternehmensmut der Themarer unter Beweis; die bisher vorherrschende Möbelindustrie, die einst den Ruf Themars als „Möbelstadt" begründete, und die starke Ausprägung der Baumaterialienindustrie finden in den aufstrebenden mittelständischen Betrieben die für eine gesunde wirtschaftliche Entwicklung mit Branchenvielfalt notwendige Ergänzung.

Die durch Themar verlaufende „Klassikerstraße" von Meiningen nach Ilmenau entlang der Werra und Schleuse macht die Stadt, die ihr architektonisches Erbe aus einer traditionsreichen Vergangenheit zu bewahren sucht, zu einem Anziehungspunkt für Touristen. Die Möglichkeiten, die in der weiteren Entwicklung als Tourismusregion liegen, sind bei weitem noch nicht ausgeschöpft. Der Bau der Thüringer-Wald-Autobahn läßt Themar künftig noch besser erreichbar werden und ist auch für den Ausbau des Tourismus eine unabdingbare Voraussetzung.

Damit sind die Weichen für eine aufwärts gerichtete Entwicklung Themars inmitten einer der landwirtschaftlich reizvollsten Gegenden im Thüringer Wald gestellt. Eine vorausschauende, verantwortungsbewußte Politik muß dafür Sorge tragen, daß die geologischen und naturkundlichen Gegebenheiten dieses Gebietes mit einer seltenen Flora auch für künftige Generationen erhalten bleiben.

Ich wünsche Themar aus Anlaß seines 1200jährigen Bestehens gutes Gelingen für das Jubiläumsjahr und eine gute Zukunft als Stadt, in der sich die Menschen aus Nord und Süd, Ost und West wie in früherer Zeit begegnen, in der Wirtschaft und Handel florieren und viele Menschen Arbeit finden. Themar wird auch künftig eine Drehscheibe bleiben, auf der sich Vergangenheit, Gegenwart und Zukunft treffen und zu einem für alle glücklichen Miteinander finden.

Dr. Bernhard Vogel
Thüringer Ministerpräsident

Erfurt, den 29.03.1996

Grußwort
zum 1200-jährigen Bestehen der Stadt Themar

Liebe Bürgerinnen und Bürger von Themar,
werte Gäste!

Eine Stadt feiert ein bedeutendes Jubiläum. Eine Stadt, die man als Kleinod unseres Landkreises bezeichnen kann.

Themar blickt auf eine 1200jährige Geschichte zurück. Als Zeitzeugen dafür stehen viele Häuser und Anlagen, die in liebevoller Arbeit restauriert bzw. instandgesetzt wurden. Das für unsere Heimat typische Fachwerk leuchtet inzwischen wieder von vielen Fassaden. Allein diese Tatsache zieht Besucher aus nah und fern an, die thüringische Gastfreundschaft tut ihr übriges. So ist das an der Klassikerstraße gelegene kleine Städtchen ein großer touristischer Anziehungspunkt.

Erwähnenswert sei aber an dieser Stelle auch die wirtschaftliche Entwicklung. Wie überall ist es nach 40jähriger DDR-„Planwirtschaft" eine schwere Aufgabe, bestehende Betriebe zu erhalten, bzw. neue aufzubauen. Und so möchte ich all denen und ganz besonders dem Mittelstand danken, die nach der Wende den Mut aufbrachten, den Schritt in die Selbständigkeit zu wagen. Mit ihrem persönlichen Einsatz tragen sie den wesentlichsten Anteil am Wirtschaftsaufschwung im Landkreis Hildburghausen.

Zusammen mit den umliegenden Gemeinden brachte sich die Stadt mit Engagement im Gemeinschaftsgewerbegebiet „Reurieth-Siegritz" ein, welches unserer südthüringischen Region sehr gut zu Gesicht steht.

Eine Stadt wie die Ihre kann stolz auf mannigfaltige Vereine sein, die eine tragende Säule der örtlichen Gemeinschaft darstellen. Nicht zuletzt ist das auch Beweis dafür, wie Gemeinschaftssinn und Zusammenhalt untereinander bewahrt und gefördert werden. Dies ist die beste Basis für das bevorstehende Jubiläum mit seinen großen und kleinen Höhepunkten.

In diesem Sinne wünsche ich allen viel Fröhlichkeit im 1200. Jahr des Bestehens Ihrer schönen Stadt, allen Veranstaltungen einen guten Verlauf sowie eine weitere gedeihliche Entwicklung Themars.

Ihr Landrat

Thomas Müller

Grußwort

Das 20. Jahrhundert neigt sich dem Ende zu und bringt unserer Heimatstadt im Jahre 1996 ein weiteres großes Ereignis. Historiker benannten das Jahr 796 als Zeitpunkt der ersten urkundlichen Erwähnung und somit erreicht Themar das stolze Alter von 1200 Jahren. Bereits 1953 feierte Themar den 650. Jahrestag zur Erlangung des Stadtrechtes.

Wem ist es schon vergönnt, während seines Lebens zwei derartige Jubiläen des Heimatortes miterleben zu dürfen. Die diesjährige 1200-Jahrfeier zählt mit zu den herausragenden Ereignissen des Kreises Hildburghausen und paßt in den Rahmen der festlichen Veranstaltungen zu „900 Jahre Henneberger Land".

Das heutige Unterzentrum Themar hat eine reiche Geschichte. Wie eigentlich in allen Orten gab es auch hier Höhen und Tiefen, Fortschritte und Hindernisse, Zu- und Abwanderungen der Einwohner. Alleine neunmal rasten Kriege oder kriegsähnliche Ereignisse über Themar. Die Einwohner waren schrecklichen Seuchen und den Hochwasserfluten der Werra ausgesetzt.

Aber es gab auch Bürger der Stadt, die den Ortsnamen durch hervorragende und anerkannte Leistungen weit über örtliche Grenzen und Landesgrenzen hinausgetragen haben. Themar war als Schulstandort bekannt und hatte traditionsreiche und zukunftsträchtige Berufe.

Der nach dem 2. Weltkrieg einsetzende massive Verfall der Altbausubstanz konnte gestoppt und durch das Bund-Länder-Städtebauförderungsprogramm und viele private Eigeninitiativen in eine positive Entwicklung umgekehrt werden.

Damit die 1200-Jahrfeier als herausragendes Ereignis in steter Erinnerung bleiben möge, haben viele Bürger der Stadt rechtzeitig Vorbereitungen getroffen. Auch die Mitwirkung von Bürgern und Fachleuten von außerhalb ermöglichte die Gestaltung und den Druck der Festschrift. Die Verfasser der Beiträge waren bemüht, noch nicht veröffentlichte historische Belege und Erkenntnisse sowie andere Betrachtungsweisen in ihren Ausführungen zu verwenden. Deshalb wird jeder Leser - neben bekannten Inhalten - auch neue Details, etwas zum Schmunzeln bzw. sogar zum Nachdenken finden.

Für dieses umfangreiche und für geschichtliche Ereignisse verbürgte Werk möchte ich allen Mitwirkenden Dank sagen.

Ein ganz besonderes Dankeschön gilt dem Leiter der Arbeitsgruppe „Festschrift", Herrn Jürgen Mäder aus Themar.

Klaus Rönick
Bürgermeister

Henneberger Wappen, 1562, am Kirchturm, Foto: Großmann, Hildburghausen

Themar im Mittelalter

- von Günther Wölfing

Vor- und frühgeschichtliche Besiedelung und Ortsgründung

Schon lange vor der Gründung Themars siedelten Menschen in der unmittelbaren Umgebung des jetzigen Stadtgebietes. Aus der Mittleren Steinzeit (ca. 8000 bis 4500 v. Chr.) sind Lagerplätze auf der Widderstatt bei Jüchsen und der „Strick" bei Henfstädt bekannt, und aus der anschließenden Jungsteinzeit (bis ca. 1700 v. Chr.) liegen Funde aus der Themarer Flur vor. Die folgenden Epochen sind abermals mit Belegen um Jüchsen und Henfstädt, aber auch Tachbach vertreten. Ein erster Höhepunkt der Siedlungsgeschichte ist in den letzten Jahrhunderten v. Chr. mit einer dem keltischen Kulturkreis zugeordneten Bevölkerung zu sehen, deren Zentrum hier die Steinsburg bei Römhild war. Aus der direkten Nachbarschaft gehörten wieder Siedlungen bei Jüchsen (Widderstatt) und Henfstädt dazu. Es wird sogar darüber diskutiert, ob nicht im Namen „Themar" keltische Sprachreste gesucht werden müssen.

Die Ortsgründung dürfte aber doch erst im Verlaufe der ersten sechs Jahrhunderte n. Chr. erfolgt sein, in denen sich auch hier vor allem solche germanische Bevölkerungsgruppen niederließen, aus denen dann der Stamm der Thüringer hervorging. Die Forschung geht davon aus, das Ortsnamen auf -aha, mar(i), -lar und -leben weitgehend in diese Zeit gehören, und sie sieht in der ältesten überlieferten Namensform von Themar, nämlich „Tagamari", ein typisches Beispiel, wobei in „Tagamari" sowohl der Personenname Tagamar (aus germanisch dag = Tag und mar = berühmt) als auch die alten Bezeichnungen für Lehm (daha, tahe) und Teich, Sumpf (marei, mari) stecken könnten. Nach der Ortsnamenanalyse dürften ferner die Wüstung Gertles bei Henfstädt, Dingsleben und Henfstädt in dieser frühen Zeit gegründet worden sein, aus der es auch noch Bodenfunde von der Widderstatt, der Strick und Trostadt gibt. Ansonsten war die Gegend damals aber sehr schwach besiedelt, und es breiteten sich mächtige Buchenwälder aus. Erst mit der im späten 7. Jh. einsetzenden fränkischen Kolonisation aus den Mainlanden wurde unsere Heimat näher erschlossen. Die Gründung von Beinerstadt, Marisfeld, Vachdorf und Schmeheim steht wahrscheinlich in diesem Zusammenhang, während alle anderen Orte erst in der nachfolgenden Ausbauzeit und im hochmittelalterlichen Landesausbau entstanden.

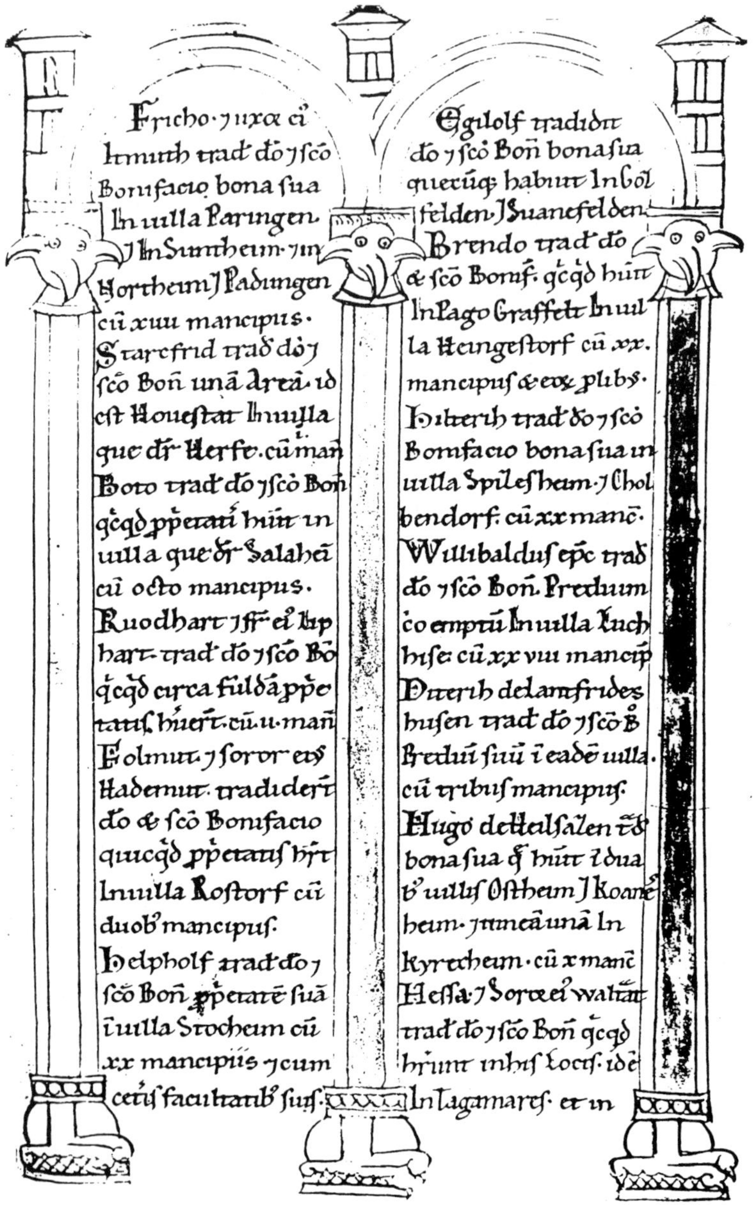
Fricho · et uxor ei(us)
Irmintrih trad(iderunt) d(e)o et s(an)c(t)o
Bonifacio bona sua
In uilla Baringen
et In Suntheim · et in
Northeim et Badungen
cu(m) xiiii mancipiis ·
Starcfrid trad(idit) d(e)o et
s(an)c(t)o Bon(ifacio) una(m) area(m) id
est Houestat In uilla
que d(icitu)r Uerfe · cu(m) man(cipiis)
Boto trad(idit) d(e)o et s(an)c(t)o Bon(ifacio)
quicquid p(ro)p(ri)etati(s) h(abu)it in
uilla que d(icitu)r Salahe(im)
cu(m) octo mancipiis ·
Ruodhart et fr(ate)r ei(us) Lip
hart · trad(iderunt) d(e)o et s(an)c(t)o Bo(nifacio)
quicquid circa Fulda(m) p(ro)p(ri)e
tatis h(ab)uer(un)t · cu(m) u · man(cipiis)
Folmuot et soror eius
Hademuot · tradider(un)t
d(e)o et s(an)c(t)o Bonifacio
quicquid p(ro)p(ri)etatis h(abuerun)t
In uilla Rostorf cu(m)
duob(us) mancipiis ·
Helpholf trad(idit) d(e)o et
s(an)c(t)o Bon(ifacio) p(ro)p(ri)etate(m) sua(m)
i(n) uilla Stocheim cu(m)
xx mancipiis et cum
ceteris facultatib(us) suis ·

Egilolf tradidit
d(e)o et s(an)c(t)o Bon(ifacio) bona sua
quecu(m)q(ue) habuit In Gol
felden et Suanefelden ·
Brendo trad(idit) d(e)o
et s(an)c(t)o Bonif(acio) quicquid h(abui)t
In Pago Graffelt In uil
la Heingestorf cu(m) xx ·
mancipiis et ex plib(us) ·
Hiltrih trad(idit) d(e)o et s(an)c(t)o
Bonifacio bona sua in
uilla Spilesheim et Chol
bendorf · cu(m) xx manc(ipiis) ·
Willibaldus ep(iscopu)s trad(idit)
d(e)o et s(an)c(t)o Bon(ifacio) Predium
co emptu(m) In uilla Luch
hise · cu(m) xxuiii mancip(iis)
Diterih de Lantfrides
husen trad(idit) d(e)o et s(an)c(t)o B(onifacio)
Prediu(m) suu(m) i(n) eade(m) uilla ·
cu(m) tribus mancipiis ·
Hugo de Helsalen tr(adidit)
bona sua q(ue) h(abui)t i(n) dua
b(us) uillis Ostheim et Koan
heim · et in mea una In
kyrcheim · cu(m) x manc(ipiis)
Hessa et Soror ei(us) Waltun
trad(iderunt) d(e)o et s(an)c(t)o Bon(ifacio) quicquid
h(ab)uint in his locis · id(est)
In Tagamarcs · et in

Erste urkundliche Erwähnung Themars in einer Schenkungsurkunde der Schwestern Sessa und Waltun (776 - 796).
Staatsarchiv Marburg Codex Eberhardi, Band II, Blatt 91

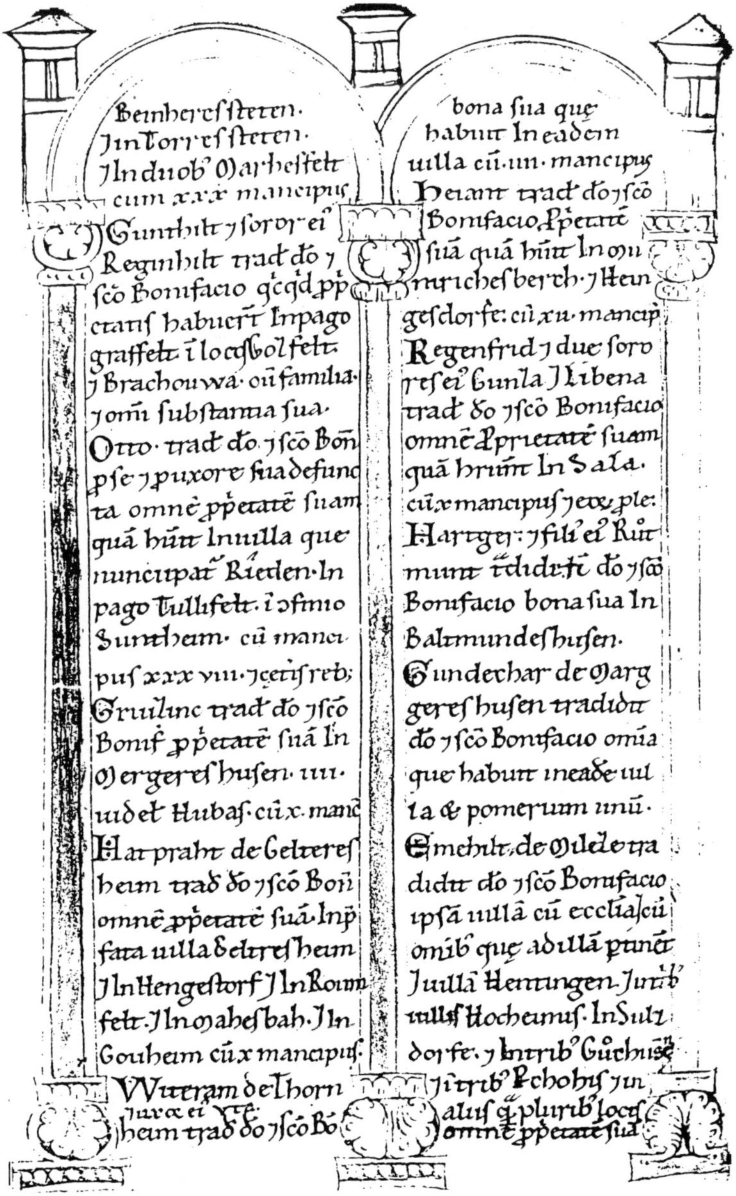

Beinheresstetten.
Jn Torresstetten.
Jn duob(us) Marhesfelt
cum xxx mancipiis
Gunthilt & soror ei(us)
Reginhilt trad(iderunt) d(e)o &
s(an)c(t)o Bonifacio q(ui)cq(ui)d p(ro)pri
etatis habuer(un)t In pago
graffelt i(n) locis Bolfelt
& Brachouwa cu(m) familia
& om(n)i substantia sua.
Otto trad(idit) d(e)o & s(an)c(t)o Bon(ifacio)
p(ro) se & p(ro) uxore sua defunc
ta omne(m) p(ro)p(ri)etate(m) suam
qua(m) h(abu)it In uilla que
nuncupat(ur) Rieden In
pago Tullifelt i(n) confinio
Suntheim cu(m) manci
piis xxxviii & ceteris reb(us).
Gruline trad(idit) d(e)o & s(an)c(t)o
Bonif(acio) p(ro)p(ri)etate(m) sua(m) In
Mergeresshusen IIII
uidet Hubas cu(m) x manc(ipiis)
Hatpraht de Geltares
heim trad(idit) d(e)o & s(an)c(t)o Bon(ifacio)
omne(m) p(ro)p(ri)etate(m) sua(m) In p(re)
fata uilla Geltresheim
J In Hengestorf J In Romm
felt J In Mahesbah J In
Gouheim cu(m) x mancipiis.
Witteram de Thorn
heim trad(idit) d(e)o & s(an)c(t)o Bo(nifacio)
bona sua que
habuit In eadem
uilla cu(m) IIII mancipiis
Heiant trad(idit) d(e)o & s(an)c(t)o
Bonifacio p(ro)p(ri)etate(m)
sua(m) qua(m) h(abu)it In Mu
nnichesberch & Hein
gesdorfe cu(m) xii mancip(iis)
Regenfrid & due soro
res ei(us) Gunla & Libena
trad(iderunt) d(e)o & s(an)c(t)o Bonifacio
omne(m) p(ro)prietate(m) suam
qua(m) h(abu)erunt In Sala.
cu(m) x mancipiis & ex(em)ple
Hartger & fili(us) ei(us) Rut
munt t(ra)diderunt d(e)o & s(an)c(t)o
Bonifacio bona sua In
Baltmundeshusen.
Gunderhar de Marg
geresshusen tradidit
d(e)o & s(an)c(t)o Bonifacio om(n)ia
que habuit in eade(m) uil
la & pomerium unu(m).
Emehilt de Mulede tra
didit d(e)o & s(an)c(t)o Bonifacio
ipsa(m) uilla(m) cu(m) ecc(lesi)a & cu(m)
omib(us) que ad illa(m) p(er)tine(n)t
J uilla(m) Hentingen J in trib(us)
uillis Hocheimis. In Sulz
dorfe & in trib(us) Guthuse(n)
J in trib(us) Rohohis & in
aliis q(uam) plurib(us) locis
omne(m) p(ro)p(ri)etate(m) sua(m).

Schenkungsurkunde der Schwestern Sessa und Waltun, entstanden in der Zeit von 776 - 796 worin Themar erstmalig erwähnt wird

In Gottes Namen, ich Sessa, eine Magd Christi und meine Schwestern Waltun übereignen dem Heiligen Bonifatius alles, was wir an Eigentum haben, in folgenden Orten, nämlich in Themar, Beinerstadt, Trostadt und in den beiden (Orten) Marisfeld, und zwar ganz und unversehrt, bestehend aus Ländereien, Wäldern, Feldern, Wiesen, Weiden, Wässern, Mühlen, Gehöften, Bienenstöcken und Leibeigenen, die folgende Namen haben.

Ercanfried, Waltolf, Appo, Adalger, Notto, Reginhard, Franco, Heimo, Altolf, Eburhart, Nandgoz, Sindilo, Oto, Zitcoma, Gerwill, Gozmar, Fridolind, Adalgart, Willigart, Hruadwar, Helidriu, Adalniu, Willimnot, Stillomnot, Rihmnot, Otila, Anshilt, Elihilt, Palthild und Meginzwind.

Das alles samt allem Zubehör übereignen wir, wie oben gesagt, dem Heiligen Bonifatius zu unserem Seelenheil mit der Maßgabe, daß ich Sessa, und meine Schwester Waltun, als Lehen von Euch, die ihr dort bei jenem Heiligen Märthyrer wohnt (gemeint ist die Bruderschaft Bonifatiuskloster zu Fulda) dieses Objekt zur Nutznießung haben bis zu unserem Lebensende, daß aber nach unser beider Tod Ihr und Eure Nachfahren das oben bezeichnete Objekt für immer zu besitzen die sicherste Vollmacht haben sollt, welche durch Unterschrift erhärtet ist.

Verhandelt im Kloster Fulda am 29. März

Ich, der unwürdige Presbyter Asger, habe dies geschrieben.

(Übersetzt aus dem lateinischen von Dr. Staude, Themar)

Die erste urkundliche Erwähnung

Themar hatte also höchstwahrscheinlich schon einige Jahrhunderte existiert, als es in einer undatierten, von der Forschung in die Jahre 776 bis 796 gesetzten Urkunde in die schriftliche Überlieferung trat, die in unserer Gegend erst seit der 744 erfolgten Gründung des Klosters Fulda einsetzte. Nach dem Dokument, das leider nicht mehr im Original, sondern nur noch als relativ späte Abschrift vorliegt, schenkten die (adligen) Schwestern Sessa und Waltun unter Vorbehalt lebenslänglicher Nutznießung dem Kloster ihr Eigentum in den Orten (villis) Themar (Tagamari), Beinerstadt (Peinheressteti), Trostadt (Trossesteti) und in den beiden Marisfeld (in duobus Marahesfeldun), nämlich Wälder, Felder, Wiesen, Weiden, Gewässer, Mühlen, Gebäude, Bienenstöcke - und Unfreie mit ihrer Habe, deren klangvolle althochdeutsche Namen die Urkunden einzeln aufführt: Ercanfrid, Waltolf, Appo, Adalger, Notto, Reginhart, Franco, Heimo, Altolf, Eburhart, Nandgoz, Sindilo, Oto, Zitcoma, Geruuih, Gozmar, Fridulind, Adalgart, Willigart, Hruoduuar, Helidniu, Adalniu, Willimuot, Stillimuot,

Rihmuot, Otila, Anshilt, Elihilt, Paldhilt und Meginsuuind. Am Schluß werden noch das Kloster Fulda als Ausstellungsort, der 29. März als Ausstellungstag (aber leider nicht das Jahr) und der Schreiber Asger genannt, der übrigens auch noch eine Reihe anderer, aber genau datierter Urkunden geschrieben und mit der Nennung seines Namens wenigstens eine ungefähre zeitliche Einordnung des Sessa-Schenkung ermöglicht hat.

Vom Dorf zur Stadt

Über die weitere Entwicklung Themars gibt es zunächst sehr wenig Urkunden. Zwar liegt noch eine Nachricht von 799 (bzw. 800) vor, nach der Emhilt, die Äbtissin von Milz, das von ihr gegründete Kloster mit umfangreichem Besitz, darunter auch in „Dagamari", an Fulda schenkt, dann hören wir aber bis 1206 gar nichts wieder, und auch jetzt setzt noch einmal eine Pause bis 1275 ein, von welchem Jahr an - vor allem dank der Benachbarung von Kloster Veßra - die Quellen relativ reich fließen. Da nach diesen Themar um 1300 bereits städtische Merkmale aufwies, interessiert uns vor allem, wie es zu diesen kam. Schon im Hochmittelalter war eine Reihe (meist größerer) Städte mit eigener Verwaltung und Gericht, Markt und Gewerbe, Bürgerrecht und Umwehrung entstanden, im 13. Jh. folgte wegen des erhöhten Bedarfs an Nahmarkt - und kleineren Verwaltungszentren die massenhafte Herausbildung von Kleinstädten.

Auch die Stadtwerdung Themars ist in diesen Prozeß eingebunden. Es lag zwar nicht an so wichtigen Verkehrsknotenpunkten wie z. B. Schleusingen, Hildburghausen oder Meiningen, aber immerhin an der wichtigen Werratalstraße Eisfeld-Vacha, die seit dem 13. Jh. zunehmende Bedeutung gewann. Auf sie traf in Hildburghausen die Coburger Geleitsstraße, von Themar führten Verbindungen nach Schleusingen und Suhl, und durch die jetzt noch bestehende Straße in den Jüchsengrund hatte Themar auch Anschluß an wichtige West-Ost-Trassen, so daß der Ort mit allen bedeutenden Verkehrslinien gut verbunden war. - Wahrscheinlich bis in das 12. Jh. zurück reichen die Anfänge der Zent Themar als Hochgerichtsbezirk für über 40 Orte. Möglich ist allerdings, daß der Bezirk anfangs noch kleiner war oder der Zentsitz erst im 13. Jh. nach Themar verlegt wurde, (erste indirekte urkundliche Erwähnung 1268, direkt 1337). - Der Sitz der 1268 in Erscheinung tretenden Vogtei, aus der das Verwaltungsamt hervorging, muß nach der hennebergischen Teilung von 1274 von der Osterburg nach Themar verlegt worden sein. Allerdings war dann das Amt geteilt (s. u.), und sein Bezirk erlitt beträchtliche Einbußen. Vielleicht war die 1276 bezeugte hennebergische Villikation Themar, eine hennebergische Güteverwaltung, eine Vorstufe von Vogtei und Amt. Der „vogit" (später Amtmann) ist dann ab 1341 bezeugt. - Interessant ist ferner, daß in Themar offensichtlich auch eine Adelsfamilie ansässig war; 1206 treten Hermann und Siboto von „Theymar" als Zeugen auf. - 1275 stellten hier vier Grafen von Henneberg für das Kloster Veßra eine wichtige Urkunde aus.

Das alles sind Hinweise darauf, daß Themar schon eine Mittelpunktsfunktion auf unterster regionaler Ebene hatte. 1303 liegt mit der Bezeichnung „civis" = Bürger der erste Hinweis auf eine städtische Verfassung vor, in Urkunden von 1317 und 1319 wird Themar dann erstmalig „Stadt" (civitas bzw. opidum) genannt. Mit den „consules" (Ratsherrn oder Bürgermeistern) von 1317 und dem „Stat insigel" von 1339 ist auch der Stadtrat bezeugt; 1359 wird das Stadtgericht erwähnt, dessen Vorsitzende vielleicht der 1292 auftretende scultetus (Schultheiß) Heinrich und sein Nachfolger Berthold gewesen sein können, wenn man sie nicht mit Zent und Vogtei in Verbindung bringen muß. Die „fleyschbencke" von 1339 und ein eigenes Themarer Maß (1349) beweisen den seit 1359 auch als Platz überlieferten Markt, dessen Voraussetzung ein Mindestmaß an Gewerbe neben der Landwirtschaft war. Die Bezeichnung „faber" = Schmied für einen Einwohner Themars im Jahre 1290 ist ein Hinweis darauf. Es gibt sogar einige Anhaltspunkte, die eine Pfennigprägung in Themar zwischen etwa 1260 und 1290 vermuten lassen.

Ein freies Bürgerrecht war allerdings noch nicht völlig durchgesetzt, jedenfalls werden 1206, 1290 und 1303 auch noch leibeigene Themarer erwähnt, wobei es besonders kurios ist, daß 1303 der Leibeigene Albert Plaue auch Bürger war. Auch mit der Stadtumwehrung lag es noch lange im argen, wie wir noch sehen werden. Unklar ist, ob die Marktsiedlung Themar neben der alten Agrarsiedlung neu gegründet worden war, wie das bei vielen Kleinstädten überlich war. Alles in allem war die Stadtwerdung, die sich ganz und gar nicht auf der Grundlage einer „Erhebung" als einmaliger Rechtsakt vollzog, noch lange im Fluß. Dem entsprechend wurde die Bezeichnung „Stadt" auch noch keineswegs konsequent durchgehalten. So wird Themar 1375 und 1379 auch noch „Markt", 1435 und 1452 „Flecken" und 1491 „Marktflecken" genannt.

Das mittelalterliche Stadtbild

Die Themarer Altstadt ist auf einem annähernd dreieckigen, mit der Langseite an die Werra gelehnten Grundriß von ca. 400 x 250 m angelegt. Das im ganzen sehr unregelmäßige Straßensystem mit seitlich zur Hauptstraße gelegenen Markt weist nur im Ansatz die sonst in Kleinstädten häufig anzutreffende Rippenform auf. Von der Bebauung in diesem an sich schon kleinen Komplex ausgespart waren die Bräuwiesen. Uns sind keine Zahlen bekannt, wieviel Menschen hier vor 1500 wohnten, die Einwohnerzahl dürfte aber deutlich unter

800 gelegen haben. Sie wurde immer wieder durch Seuchen reduziert, wie dem chronikalisch überlieferten „pestilentzisch Sterben", dem von Mai bis Oktober 1380 viele Themarer zum Opfer vielen.

Aus einer Urkunde von 1390 wissen wir, daß die Stadt damals - und dies schon nach altem Herkommen - nur das Recht hatte, sich mit Zaun und Bretter-Toren zum umwehren. Der Versuch, einen schützenden Graben anzulegen, wurde gerade durch Graf Heinrich von Henneberg vereitelt. Als die Henneberger später ihre Meinung änderten, verhinderten die Herren von Bibra als Mitbesitzer die Befestigung, so daß die Stadt „bißher offen und unbewart" geblieben war, wie es 1439 heißt. Nach einem Schiedsspruch des genannten Jahres mußten die von Bibra aber schließlich den Themarern „gunnen zu buwen und sich zu bevestenen ... mit blancken, zunen und graben". Damit im Zusammenhang steht offenbar noch die Erlaubnis des Grafen Wilhelm, 1457 eine Wein- und Biersteuer zu erheben, daß „die von Theymar iren angefangen bauwe desser baß valbrengen" und die Stadt „in guter versorgunge" halten könnten. Von Stadtmauern ist im 15. Jahrhundert aber noch nicht die Rede!

Umwehrt war ferner der seit 1356 bezeugte Kirchhof mit seinem wuchtigen Turm, dessen Untergeschosse noch im jetzigen erhalten sind, und seinen „schrencken, thoren" (1435) und mächtigen Mauern, hinter denen die Bürger „gaden" (1435, 1439) zur Unterbringung ihrer Habseligkeiten im Verteidigungsfalle erbaut hatten. Ein „bergfried im kirchoff" (1392) war entweder mit dem Kirchturm identisch oder ein besonderer Turm. - Auch der Amtshof, sicher damals schon der Sitz des Vogtes bzw. Amtmanns, war mit Mauer und Graben umgeben. Darüber hinaus wird mehrfach eine „Kymenate mit dem gesesse" erwähnt (1457), unter der wir uns einen mehr oder weniger wehrhaften Rittersitz vorzustellen haben. Vielleicht war hier ursprünglich die schon erwähnte Adelsfamilie ansässig. Im 15. Jh. erscheinen aber mit der Familie Sturm schon bürgerliche Lehensträger. Standort war möglicherweise das jetzige Adlersche Haus am Kirchplatz, das heute noch eine alte, ungewöhnlich starke massive Wand über mehrere Geschosse aufweist. - Am Marktplatz ist ein Vorgängerbau des jetzigen Rathauses vorauszusetzen. Außerdem standen hier die Verkaufshütten der Handwerker. Die „fleisch benck" der Metzger werden hier 1463 ausdrücklich genannt.

Außerhalb des leicht umwehrten Bezirks lagen die Oberkirche (der Vorgängerbau der Friedhofskirche, bezeugt seit 1418, 1429), das Siechenhaus (1427,1466) und jeweils an einem kurzen, von der Werra abgezweigten Graben die drei Mühlen (Ober-, Mittel- und Untermühle 1317, 1349 - 1490. Zeitweise existierten nur zwei). Jenseits der 1359 ersterwähnten Brücke lag der Platz des Zentgerichts, in dessen Nähe sich 1359 noch eine Hofstätte befand.

Landwirtschaft, Handwerk und Marktwesen

Nach den zahlreich vorliegenden Urkunden, die Verpfändung Verlehnung oder Verkauf von Feldern und Wiesen zum Gegenstand haben, spielte die Landwirtschaft noch eine wichtige, vielleicht sogar die beherrschende Rolle in der mittelalterlichen Wirtschaft von Themar, wobei auch besonders auf die immer wieder genannten Krautgärten (so 1458) verwiesen sei. Interessant sind ferner die schon 776/796 ausdrücklich genannten Bienenstöcke und ein 1457 genannter „wintergarten". Nicht zu unterschätzen ist die im Mittelalter noch ertragreiche Werra-Fischerei. Schon 1287 einigten sich die Grafen von Henneberg über das Themarer Fischgewässer. Die „Fischweide" kommt dann in den Urkunden seit 1359 immer wieder vor. 1434 heißt es, die von Bibra sollten die Bürger an ihrem Recht, zu bestimmten Zeiten in der Werra zu fischen, nicht hindern, und 1453 ist sogar von Haus unf Hofreit eines hauptberuflichen Fischers die Rede.

Die eigentliche ökonomische Stadtfunktion war aber das Gewerbe. Auf Grund der diesbezüglich ungünstigen Quellenlage erfahren wir aber außer dem schon genannten Schmied, den Fleischbänken (Metzgern) und Mühlen (Müllern) nur sehr wenig darüber. Der Bader besorgte nicht nur die eigentliche Badestube (1427), er fungierte auch als Wundarzt und mußte „scheren und zwagen" (1457). Sicher waren auch andere wichtige Grund- und Mindestgewerbe vorhanden, profilbestimmend scheinen aber frühzeitig die Tuchmacher geworden zu sein, denen Graf Wilhelm III. 1478 ein Zunftstatut verlieh und ein Färbhaus privilegierte.

Die „Gastronomie" mit Wein- und Bierschank, die gewiß auch damals schon mit der Brauerei verbunden war, ist seit 1356 sicher bezeugt. 1457 soll der Stadt eine Bannmeile gewährt worden sein, der die Dörfer Reurieth, Grimmelshausen, St. Bernhard, Beinerstadt, Siegritz, Ehrenberg, Tachbach, Grub und Schmeheim unterworfen waren. Vom Marktwesen war bereits die Rede. J. A. v. Schultes schreibt, ohne Quellen zu nennen, Themar habe im Mittelalter bereits sechs Jahrmärkte gehabt, wozu man mindestens noch einen regelmäßigen Wochenmarkt rechnen muß.

Die „burger gemeynlcih rich und arm"

Diese Bezeichnung der Themarer Einwohnerschaft aus dem Jahre 1416 macht schon deutlich, daß es auch in der mittelalterlichen Stadt erhebliche soziale Unterschiede gab. Die Masse der Bürger hatte ihren Besitz an Grundstücken und gewerblichen Anlagen nicht als freies Eigentum, sondern nur als erbliches Zinsgut inne, an dem ein Grundherr das Obereigentum hatte und dafür von dem betreffenden Bürger eine jährliche Rente in Geld und Naturalien bezog. Diese Struktur tritt in Themarer Urkunden seit 1333 zutage; sie ist natürlich noch viel älter. Grundherren waren die Grafen von Henneberg oder deren Pfandnehmer (s. u.), das Kloster Veßra und verschiedene Adelsfamilien der Nachbarschaft wie die Herren von Reurieth, von Heßberg, (Marschalk) zu Marisfeld, von der Kere, von Herbelstadt, von Bibra und die Zufraß und Bräuning, wobei der Adel die betreffenden Stücke selber nur von den Hennebergern zu Lehen trug. Das Maß der Belastung war ganz unterschiedlich. Der Mittelmüller lieferte z. B. 1349 1Schwein, einen Malter Weizen (= ca. 2,5 Zentner) und 25 Schillinge Heller an das Kloster Veßra. Der Erbzins für einen Garten war 1427 ein Pfund Wachs. Im Normalfall waren die Abgaben erträglich. Nicht deren Höhe, sondern der sehr unterschiedliche Umfang des Erbzinsgutes bestimmte die soziale Stellung. So hatte mancher Ackerbürger nur 1/2 Hube, also 1/2 bäuerliches Anwesen, inne und wich damit schon von der Norm ab.

Es gab allerdings auch einzelne Bürger, die freies, unbelastetes und keinem Grundherren zu Lehen gehendes Eigentum besaßen. Das wird 1434 ausdrücklich bezeugt. Sie waren aber ebenso Ausnahmen wie die schon genannten Leibeigenen und die z. B. 1359 bezeugten „hintersidel", die auf zumeist sehr kleinen Anwesen saßen, zu denen wohl wenig Land gehörte, über das sie nur ein eingeschränktes Verfügungsrecht hatten. Sie näherten sich in ihrer sozialen Stellung damit schon stark den Knechten und Mägden ohne eigenen Hausstand und ohne Bürgerrecht. - Auf der sozialen Stufenleiter ganz oben standen einige wenige Familien mit umfangreichem Grundbesitz, den sie zwar zu einem Großteil von der Landesherrschaft zu Lehen trugen, für den sie aber keine Abgaben zu zahlen brauchten und der auch gegenüber der Kommune steuerfrei war. Höchstwahrscheinlich waren diese reichen Bürger in die Besitznachfolge früherer Adelsgeschlechter getreten, - gerade auch der Familie von Themar selbst. So trug 1359 Contz Megkelein 1/2 Hofstatt von der Herrschaft zu Lehen, die vorher Lutz von Themar besessen hatte. Natürlich hatten solche Familien oft auch noch weiteres, schwach belastetes Erbzinsgut oder -lehen inne. 1457 wurde z. B. die Familie Sturm mit der Kemenate und Gesesse nebst zugehörigen Grundstücken belehnt, wofür sie nur den Lehnseid schwören mußte; auf weitere 10 Artäcker fielen aber 2 Fastnachthühner Zins; darüber hinaus kassierten die Sturm einen Teil des herrschaftlichen Zehnts von Themar. Daß sie gegen 1400 in einer Fehde 24 Pferde (!) verloren, spricht für ihren Reichtum. In etlichen Fällen verfügten diese Familien sogar selbst über feudales Obereigentum in Themar und auf dem Lande, auf das sie Erbzins bezogen, so z. B. Heinrich Brendelin von einem bäuerlichen Gut in Beinerstadt jährlich 10 Schillinge Heller, 1/2 Schock Eier und 1 Fastnachtshuhn. Diese soziale Schicht stellte nachweislich auch die Ratsherren und Vögte und einen Teil der Geistlichen in der Stadt. Außer den schon genannten Familien Sturm und Brendelin gehörten noch die Gletsch, Glanz, Beier, König, Wolfelin und von Reurieth dazu, (letztere wohl verbürgerlichter Adel).

Da sie außer der Pflicht, die Stadt bzw. den Kirchhof mit zu bewachen und zu „befrieden" (1434), der Kommune gegenüber lastenfrei waren, gehörten sie auch nicht zu den „geschworenen Bürgern", die eine Reihe gemeinsamer Rechte und Pflichten hatten. Zu den Rechten, die freilich mit der priviligierten Oberschicht geteilt werden mußten, gehörten die Mitnutzung des Gemeindeeigentums an „Wonne und Weide, Weg und Steg" (1453) und das Recht, im Kirchhof einen Gaden zu bauen. Pflichten gegenüber der Stadt waren Steuern und Wachdienste sowie das Mittragen gemeinsamer Lasten gegenüber den Stadtherren, die von der Kommune eine Jahressteuer („Bete", bezeugt seit 1317), im Bedarfsfalle auch eine zusätzliche Notsteuer („Notbete", bezeugt seit 1353) erhoben. Auf Wein wurde das sog. „Ungeld" als Steuer gelegt und abgeführt (daher „Bannwein", so seit 1356). Alle Bürger mußten den Landesherren in einer Huldigung Treue schwören (z. B. 1380) und im Kriegsfall Heeresfolge leisten (1356, 1457). Die Henneberger bezogen auch beträchtliche Einkünfte aus dem Zent- und Stadtgericht. Sie hatten in Themar ferner eine Zollstätte und belasteten manche Bürger zusätzlich mit Zehnten, soweit diese zehntpflichtige Güter inne hatten, und mit der Pflicht, sie und ihre Gefolgsleute in der Stadt zu beherbergen.

Gericht, Amt und Rat

Über die Anfänge der Themarer Justiz- und Verwaltungsorgane wurde oben bereits berichtet. Genaueres wird aus der weiteren Entwicklung im 14. und 15. Jh. bekannt. Die Zent Themar handhabte vor allem die „vier hohen Rügen" (Mord, Brandstiftung, schweren Diebstahl, Notzucht). Zu ihrem Bezirk gehörten außer Themar die Dörfer bzw. Höfe Reurieth, Brünnhof (wüst), Trostadt, Grimmelshausen, Dörfles (wüst), Steinhaugk (wüst), Leutersdorf, Vachdorf, Belrieth, Schwabhausen und Krausebach bei Haina (beide wüst), Dingsleben, Beinerstadt, St. Bernhard, Wachenbrunn, Exdorf, Jüchsen, Aroldshausen (wüst), Lamprechtshausen (wüst), Neubrunn, Siegritz, Ehrenberg, Veßra, Roßbach (wüst), Weißbach (wüst), Lengfeld, Eichenberg, Bischofrod, Tachbach, Grub, Gethles, Oberstadt, Marisfeld, Schmeheim, Sieholz (wüst), Hesler (wüst) und Bitthausen (wüst). Urteilsfinder waren 14 Schöffen, von denen zwei aus Themar, die anderen aus den Dörfern kamen. Der Vogt führte als Gerichtsvorsitzender den Stab und war damit auch der „Frager". In diese Funktion mußten sich während der Zweiherrigkeit der Stadt (s. u.) die beiden herrschaftlichen

Vögte teilen (so ein Schied von 1434); der Graf von Henneberg und die von Bibra konnten den Stab aber auch persönlich nehmen. In diesem Falle siegelte der Vogt aber das Urteil (1433). Ca. 1465/67 führte ein „Zentgraf" (kein Adelstitel) den Vorsitz; der Vogt blieb auf Verwaltungsaufgaben beschränkt, bis im 16. Jh. beide Ämter wieder auf eine Person vereinigt wurden bzw. der Zentgraf auch Vogt (Amtmann) war. - Als Gerichtsdiener stand der Zent 1435 ein Büttel (1499: Landknecht) zur Verfügung.

Der Amtsbezirk war zunächst mit dem der Zent identisch. Während diese in der Folgezeit jedoch territorial lange konstant blieb, verlor die Vogtei durch die hennebergische Teilung von 1274 Jüchsen, Neubrunn, Aroldshausen und Lamprechtshausen, um 1380 wurden Belrieth und Bitthausen abgetrennt; der Adel und einige Klöster entfremdeten ihr weitgehend Oberstadt, Marisfeld, Henfstädt, Lengfeld und Sieholz. Von 1274 bis in die 2. Hälfte des 15. Jh. (s. u.) war das Amt geteilt; dem entsprechend gab es auch zwei Vögte (so bezeugt z. B. 1434). Nach der Wiedervereinigung wurde der Vogtsitz vorübergehend wieder von Themar auf die Osterburg verlegt. Kilian Meuser sollte 1464 des „hern voydt daselbst und auch zu Theymar sein". Ähnlich war die Situation noch 1471.

Wie der Vogt der herrschaftliche Interessenvertreter im ganzen Amtsbezirk war, so war dies der Schultheiß nur für die Stadt. Er führte auch den Vorsitz im Stadtgericht. Allerdings wurde seine „Planstelle" bald eingespart, sie erscheint nach der bisherigen Übersicht 1348 letztmalig. Schöffen des Stadtgerichts, das nur für die niedere Gerichtsbarkeit zuständig war, waren die Ratsherren. Das geht z. B. aus einer Urkunde von 1364 hervor. Den Vorsitz hatte jetzt der Vogt. Die eigentliche Stadtverwaltung lag in den Händen von Rat und Bürgermeister, die sich in dieser Form 1390 vorstellen (Wir radt, bürgermeistere und die gantz stadt gemeinlich zu Themar").

Kirchliche Verhältnisse

Wann die 1356 ersterwähnte (St.-Bartholomäus-) Kirche, die 1488 der heutigen Stadtkirche weichen mußte, erbaut worden ist, wissen wir ebensowenig, wie wir das Alter der seit 1418 genannten Oberkirche kennen. Themar gehörte im Mittelalter zu dem großen Sprengel der alten Mutterkirche Leutersdorf, die als solche 1187 urkundlich in Erscheinung tritt, aber mit Sicherheit schon vor 1057 gegründet worden war. Seit ihrer Einverleibung in das Kloster Veßra im Jahre 1345 war der Leutersdorfer Pfarrer ein Veßraer Mönch. Er unterhielt wie seine Vorgänger noch einen Kaplan mit Pferd, der ihm helfen mußte, die zahlreichen Dörfer seines mit der Zent fast deckungsgleichen Sprengels zu versorgen. Mit zunehmenden Bevölkerungszahlen ließ sich das aber nicht mehr aufrecht erhalten. In Reurieth, Themar, Belrieth bzw. Einhausen, Lengfeld, Oberstadt, Marisfeld, Dingsleben und Vachdorf wurden Tochterpfarreien gegründet, denen zumeist noch einige Dörfer zugewiesen wurden. Ein Pfarrer von Reurieth wird schon 1287 genannt, gefolgt von dem „ersamen herren, Cunrad von Swartza pfarrer zu Theimar" 1362. Vielleicht mußte dieser wie seine Nachfolger noch im Kloster wohnen. Erst im späten 15. Jh. scheint in Themar ein Pfarrhaus existiert zu haben. Die genannten Pfarrer blieben alle noch Leutersdorf unterstellt; erst 1509 bis 1515 erlangte Themar die völlige Selbständigkeit gegenüber Veßra und Leutersdorf.

Neben der Pfarrei gab es noch eine Reihe mit Vikaren besetzte „geistliche Lehen". So wird 1416 außer einem St.-Ursula-Lehen schon ein Frühmeßner erwähnt. Ein Streit zwischen Kloster und Stadt über die Besetzung seiner Stelle wurde 1439 so entschieden, daß der Abt den Kandidaten der Stadt, Peter Meßlin, einen nicht zum Kloster gehörigen „Weltpriester", einsetzen mußte. 1429 stiftete Fritz von Bibra in der Oberkirche eine ewige Messe „Gott zu Lobe und der Himmelskönigin Maria und den heiligen 14 Nothelfern", die als die „heubthern" der genannten Kirche bezeichnet werden. Vier Jahre später gründete der Abt von Veßra ebenda einen Altar, stellte dazu einen Priester ein, der wöchentlich drei Messen zu lesen hatte, finanzierte dessen Stelle und kaufte dazu ein Haus mit Hofreit und Krautgarten nahe der Kirche. Bürgermeister, Rat und Gemeinde erweiterten ca. 1458 die Schenkung gegen die Verpflichtung zu weiteren geistlichen Diensten, zu denen auch eine Messe in der Haupt- bzw. Pfarrkirche gehörte. Dem folgten 1479 noch die Einrichtung einer neuen Frühmesse durch die Stadt und 1480 der Gründung eines „Ölbergs" bzw. „Ölgartens" mit Kapellchen neben der Pfarrkirche, in dem ein Priester Messen zu lesen hatte. - Eine schon länger bestehende Laienbruderschaft zu Ehren des Heilands, der Maria und aller Himmlischen erhielt 1473 ihre bischöfliche Bestätigung. Eng verbunden mit dem kirchlichen Leben war wohl auch das schon 1427 erwähnte Siechenhaus.

Versetzung und Verkauf, Fehde und Krieg. Themar und seine Stadtherren

Die Abtei Fulda, die mit den beiden Schenkungen von 776 / 796 und 799 (800) in Themar Fuß gefaßt hatte, konnte ihre hier erworbenen Positionen nicht auf Dauer halten und mußte spätestens im 13. Jh. der sich ständig erweiternden Macht der Grafen von Henneberg weichen, die auch schon ihren Hauptsitz von der Stammburg in das benachbarte Schleusingen verlegt hatten. 1268 erscheint die Osterburg mit Zubehör urkundlich in hennebergischen Besitz. Da unter diesem Zubehör das Gebiet von Vogtei (Amt) und Zent zu verstehen ist, war Themar auf alle Fälle dabei. Als mit der hennebergischen Landesteilung von 1274 die drei Linien Schleusingen, Hartenberg und Aschach entstanden, wurden Stadt, Zent und Amt Themar unter Schleusingen und Hartenberg so geteilt, daß ein Teil der Liegenschaften, Rechte und Einkünfte gemeinsamer Besitz dieser beiden Linien blieb, das meiste aber der einen oder der anderen jeweils alleine zugeschlagen wurde. Die daraus resultierenden Verwicklungen und Streitigkeiten wurden bei ständigen Verpfändungen und Besitzerwechseln noch verschlimmert und brachten fast 200 Jahre lang große Nachteile und schweres Leid für die Stadt, deren „Zweiherrigkeit" auch durch die zwei Hennen im ältesten erhaltenen Stadtsiegel zum Ausdruck gebracht wurde.

Nachdem beide hennebergischen Linien zwischen 1317 und 1348 schon einzelnde Grundstücke und Einkünfte an das Kloster Veßra, den reichen themarer Bürger Wolfelin und den Ritter Fritz von Herbelstedt „wiederlöslich verkauft" hatten, kam es 1356 zur ersten gänzlichen Versetzung einer Herrschaftshälfte, als Graf Johann von Henneberg-Schleusingen „sine halben stat Theymar mit dem kirghoffe da selbes, mit gericht, mit tzolle, mit bete, mit banwin, mit ungelt, mit allen nützen und rechten, ... tzinse und gulde" dem Ritter Konrad von Herbelstadt für 2000 Pfund Heller pfandweise überließ, wobei er sich aber vorbehielt, daß ihm der Kirchhof im Kriegsfalle zur Verfügung stehen müsse. Solche Versetzungen waren damals unter Fürsten und Adel an der Tagesordnung und eine der geläufigsten Methoden, bei Bedarf schnell an Bargeld heranzukommen. Für manche kleine Herrschaft beschleunigten diese Praktiken natürlich auch den Untergang.

Das betraf gerade auch die nach der Hartenberg bei Römhild benannte hennebergische Linie, die sich am 20.6.1359 gezwungen sah, ihren Anteil an Stadt und Amt, zu dem auch die Osterburg gehörte, den Grafen von Schwarzburg für 3000 Pfund Heller zu verpfänden. Das Wiederlösungsrecht gehörte schließlich zur hartenbergischen „Konkursmasse" und wurde 1371 von Graf Berthold zusammen mit den anderen Resten der Herrschaft an Graf Hermann von Henneberg-Aschach verkauft, der darin jedoch nicht von den Schwarzburgern unangefochten blieb. Diese beanspruchten nach dem Aussterben der mit ihnen verschwägerten Henneberg- Hartenberger (1378) halb Themar und die Osterburg als Erbe. Diese wurden ihnen 1379 auch vertraglich zugesprochen, - allerdings erst, nachdem vorher die Waffen entschieden hatten. Nach chronikalischem Bericht waren dabei „Themar und Marisfeld belagert, auch etliche umbliegende dorfer verheret" worden. - Die Entwicklung der schleusingischen Hälfte war indessen keineswegs ruhig verlaufen. Obwohl sie an Konrad von Herbelstadt versetzt war, hatten sich die Grafen über dessen Rechte hinweggesetzt und den Besitz an die Ritter von Maßbach und von Bibra weiterverpfändet. 1362 mußten sie Konrad wieder in seine Rechte zu setzen und ihm einen jährlichen Zins zu zahlen.

1375 war Schleusingen aber wieder im festen Besitz der Themarer Hälfte. Damals verzichtete Graf Berthold zugunsten seines Bruders Heinrich auf die Herrschaft und wurde dafür u. a. mit halb Themar abgefunden. Das tat aber nicht lange gut, und bald entstand „czweitracht und unwille" zwischen den Brüdern, da Heinrich offenbar in Bertholds Rechte griff. Ein 1378 von ihrer Schwester Elisabeth errichteter Vertrag verpflichtete Heinrich nochmals, Berthold an seinen Themarer Einkünften nicht hinderlich zu sein. Doch dieser, in Geldnot geraten, verpfändete schon zwei Jahre später dem Bruder sein Erbe, der es nur wenige Wochen später pfandweise an die Adligen Werner und Johann Zufraß, Stephan von der Kere und Eberhard Wolf brachte! 1390 war halb Themar jedoch abermals in schleusingischem Besitz, denn damals verhinderte Graf Heinrich im Streit mit der Stadt die Anlage der Wehrgräben (s. o.). Das war gewiß ein schwerer Fehler, denn als er gegen 1400 mit den Landgrafen von Thüringen in Fehde lag, war die Stadt ihren Plünderern schutzlos ausgeliefert. 1407 gab Heinrichs Sohn Wilhelm I. seine Schwester dem Grafen Günther von Schwarzburg zur Braut und sicherte die Mitgift in Höhe von 3000 Gulden mit einer Verschreibung auf das halbe Themar.

In den Besitzverhältnissen der anderen Hälfte war schon am 23.3.1380 insofern eine entscheidende Veränderung eingetreten, als die Grafen von Schwarzburg diesen Anteil, den sie 1359 und 1379 erworben hatten, an die Herren von Bibra verpfändeten. Ihr Wiederlösungsrecht verkauften sie am 20.3.1416 zusammen mit der Mitgift-Verschreibung auf die andere Hälfte an Graf Wilhelm I. von Henneberg-Schleusingen für 1500 Gulden. Die von Bibra verboten dabei aber sofort den Bürgern von Themar, dem Grafen auf die ihnen nach wie vor pfandweise zustehenden Hälfte zu huldigen. Als sich die Bürger und der Henneberger schließlich auf eine Huldigungsformel einigten, die die Rechte derer von Bibra garantierte, gaben sich diese noch nicht zufrieden, so daß sich Wilhelm I. gezwungen sah, die Huldigung wieder außer Kraft zu setzen. Dafür verpflichteten sich beide Parteien vertraglich, die Ansprüche der jeweils anderen Seite zu akzeptieren.

Doch diese Garantie hielt nicht. Wie es bei einer Doppelherrschaft fast nie ausblieb, kam es auch jetzt sehr schnell wieder zu „spenne, sprüche(n) und gebrechen" (1435), zu „unwillen und zweyttracht" (1439) mit einer derartigen gegenseitigen Behinderung in der Ausübung der Herrschaftsrechte, daß fast nichts mehr lief. Zeitweise waren überhaupt keine Gerichtsverhandlungen mehr möglich; die notwendige Umwehrung der Stadt und der Bau neuer Gaden im Kirchhof unterblieben; jede Seite hinderte die andere daran, verpfändete Güter wieder einzulösen, und einer warf dem anderen vor, ungerechtfertigte Steuern und Abgaben von den Bürgern zu erheben und der Gegenpartei das ihr rechtlich an Einkünften und Liegenschaften Zustehende zu verwehren. Zwischen 1434 und 1439 waren alleine fünf Schiedssprüche Graf Georgs von Henneberg-Römhild, Bischof Johanns von Würzburg und Herzog Friedrichs von Sachsen notwendig geworden, denen jeweils Klage und Gegenklage, aber auch gegenseitige Besitzpfändung und die Anwendung nackter Gewalt vorausgegangen waren. Wilhelm II. von Henneberg-Schleusingen klagte dabei 1439 selbst - und das gerade im Hinblick auf Themar - daß er seit dem Tode seines Vaters „allerwege ... mit kriegen und unfriede bevallen und uberladen gewest" sei. Wie grausam man im mittelalterlichen Themar gegeneinander vorging, beweist ein Bericht von 1435, nach dem „vor Zeiten" ein Vogt namens Gletsch die Familie Pranger gezwungen habe, die Stadt zu verlassen, worauf diese den Leuten hier viel Leid mit „win ußslaen" (= Weinfässer ausschlagen), „hende und füße abhauben" getan hätten. So hätten sie auch einem der hiesigen Müller Hände und Füße abgehauen, ihn in ein Faß gebunden und die Mühle verbrannt!

Die o.g. Schiedssprüche änderten an der Situation offensichtlich nicht viel, wie neue Streitigkeiten z. B. von 1446 beweisen. Immer wieder vorkommende Teilverpfändungen, wie die im selben Jahr erfolgte Versetzung des schleusingischen Anteils am Themarer Zehnt an das Kloster Veßra, waren dazu der Stabilisierung der Lage sehr undienlich. Im Jahre 1452 trieben die Auseinandersetzungen - zeitgleich mit einem abermaligen Steuerstreit - einem neuen Höhepunkt zu, als Wilhelm von Bibra, einer der zahlreichen Mitbesitzer dieser Sippe, seinen Anteil „williclich, fryelich uß gewisser syner vornumpft" an Wilhelm III. von Henneberg gegen die Zahlung einer jährlichen Rente von 60 Gulden auf Lebenszeit überließ, dann aber die Abmachung auf den Druck seiner Vettern hin widerrief. Henneberg erkannte den Widerruf nicht an, und so rüsteten sich beide Seiten zum Kampf, in den auch die Bürger von Themar hineinzugeraten schienen, nachdem sie schon hinsichtlich der Huldigung zwischen den Fronten gestanden hatten. Die Fehdebriefe waren schon verschickt, als es am 21.1.1453 durch die Vermittlung des Bischofs Gottfried von Würzburg doch noch zu einer Einigung kam, die die gesamten Besitzverhältnisse von Stadt und Land Themar auf eine neue vertragliche Grundlage stellten. Danach „verkaufte" Henneberg erneut die Osterburg mit Zubehör zu Wachenbrunn und Henfstädt, die Vogtei zu Reurieth, das Fischwasser mit Haus und Hofreit zu Themar an die Herren von Bibra, die zudem in den nächsten acht Jahren von den Bürgern von Themar je 50 Gulden, danach 100 Gulden erhalten sollten. Die von Bibra sollten das alles als Mannlehen von Henneberg erhalten, das sich indessen auch diesmal wieder das Rückkaufsrecht vorbehielt. Alle vorherigen Verträge wurden für ungültig erklärt. Damit sollte „aller unwille absein und ein teyle gein dem andern sollichs in argk odir in Rahsal (= „Rachsal") nicht anden (=ahnden) odir rechen".

1459 gelang es schließlich Wilhelm III. von Henneberg-Schleusingen, 3/10 der Verschreibung von 1453 käuflich an sich zu bringen, 1462 folgten weitere 4/10 von anderen Mitgliedern der bibraischen Sippe, (wenn auch in qualvollen Ratenzahlungen, die sich bis 1472 hinzogen). Die restlichen 3/10 blieben indessen eine harte Nuß. Diese hatte Wilhelm von Bibra inne, eine sehr streitbare Natur. Obwohl er im Anfang so tat, daß es auch ihm lieber wäre, von Henneberg ausgezahlt zu werden, ließ er es dann doch auf eine offene Fehde ankommen, in deren Verlauf er im Mai 1469 u. a. zwei hennebergische Dörfer niederbrannte. Erst sehr langwierige Ausgleichsverhandlungen in Fulda, Erfurt und Leipzig, vor allem aber die Vermittlung der Herzöge von Sachsen machten dem schweren Konflikt ein Ende. Am 21.5.1470 erklärte Wilhelm von Henneberg „dem gestrengen unsern liben besondern" Wilhelm von Bibra, über den er noch am 7.4. gesagt hatte, daß ihn noch kein Fürst, Graf oder Edelmann „hoher gesmehet" habe als er, 1650 Gulden zu zahlen. Der Ritter mußte sich dabei aber mit einer Ratenzahlung bis 1479 zufrieden geben und verlor damit seine Rechte an der Osterburg und Themar.

Für Stadt, Amt und Gericht Themar-Osterburg waren damit aber noch keine völlig geordneten Verhältnisse eingekehrt, denn - abgesehen vom Weiterwirken alter Teilverpfändungen wie des herrschaftlichen Zehnten an der Stadt und neuen Schuldenaufnahmen sowie Versetzungen an Bete und anderen Einkünften (1462, 1469, 1473) - waren durch eine abermalige Verschreibung innerhalb der Schleusinger Linie schon wieder Komplikationen eingetreten, noch ehe der Kampf mit denen von Bibra beendet war. Als nämlich Graf Johann von Henneberg, der spätere Abt von Fulda, 1465 zugunsten seines Bruders Wilhelm III. endgültig auf die Herrschaft verzichtete, wurde er u. a. mit der Osterburg, dem Fischwasser zu Themar und einer Rente von 300 Gulden jährlich abgefunden, von denen alleine 124 von der Themarer Bete aufzubringen waren, - eine Last, von der sich Wilhelm nur etappenweise, und zwar 1472 und 1478, loskaufen konnte. Als er zwei Jahre später starb, war für die Stadt Themar eine schwierige Epoche zu Ende gegangen.

Nachbemerkung

Der vorliegende Aufsatz ist die gedrängte Zusammenfassung einer in Arbeit befindlichen Monographie des Verfassers über Stadt, Amt und Zent Themar-Osterburg im Mittelalter, die ab 1996 in drei Teilen erscheint. Hauptsächlich auf der Grundlage bisher ungedruckter Quellen der Staatsarchive Meiningen, Magdeburg und Weimar sowie gedruckter Urkundenwerke erarbeitet, wird diese Publikation die bisher umfangreichste Darstellung zur Geschichte Themars und seines Umlandes im Mittelalter sein und zahlreiche Fehler der älteren Literatur korrigieren.

Bauinschrift »1574« mit Hennen-Wappen von der ehemaligen Werra-Brücke, Foto: Großmann

Das Stadtbild als Spiegel der Geschichte vom 17. bis 20. Jahrhundert - von Siegmar Banz

Themar ist eine Kleinstadt im südlichen Vorland des Thüringer Waldes. Ihre Lage ist beherrscht von den naturräumlichen Gegebenheiten des Werratales, das sich hier durch einmündende Seitentäler etwas weitet, so daß die Stadt sich im wesentlichen schon von Alters her in der Talebene rechts des Flußlaufes ausdehnt und teilweise bis an diesen heranreicht. Betrachtet man die günstige Lage - hier ist verkehrstechnisch die Kreuzung des Werratales möglich und damit das Städtchen aus allen wichtigen Richtungen zu erreichen - möchte man diese verkehrsmäßige und damit auch verwaltungsstrategisch bevorzugte Lage für den alten zentralen Marktort mit den Werkstätten zahlreicher Handwerker mit anführen, wenn es um begünstigende Bedingungen der Stadtwerdung der frühen Siedlung seit dem ausgehenden 13. Jahrhundert geht. Eingehendere bzw. gesicherte archäologische Untersuchungen über die territorialen Wurzeln der Stadt liegen aber bis heute noch nicht vor.

Das Bild der alten Stadt wurde im wesentlichen geprägt durch den Wiederaufbau nach dem Dreißigjährigen Krieg. In dieser weitgehend barocken Gestalt des 17. und 18. Jahrhunderts ist das Stadtbild seit dem relativ unverändert bis in unsere Tage erhalten geblieben. Erst der sprunghaft steigende Bedarf an Wohnungen und Gewerbeflächen ließ die Stadt seit dem Ende des 19. Jahrhunderts über ihre alten Siedlungsgrenzen hinauswachsen, da der verfügbare Platz innerhalb der Mauern bald nicht mehr ausreichte. Die moderne „Industriestadt"

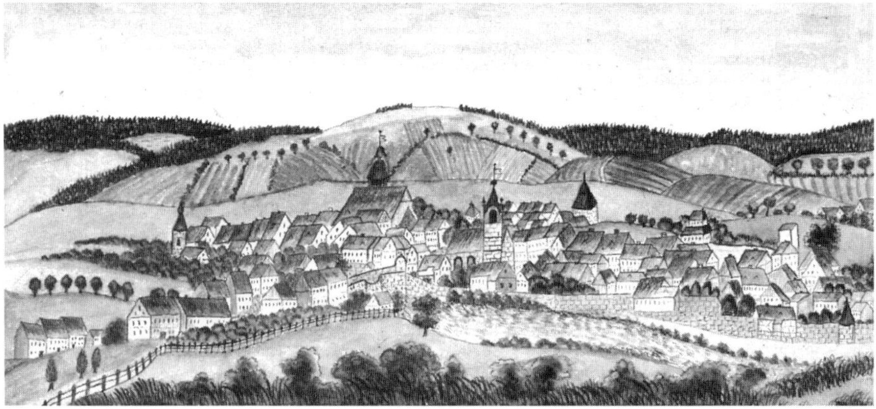

Gesamtansicht Themars aus dem Jahre 1868, Repro: Großmann, Hildburghausen, Archiv: B. Knittel

entwickelte sich darum hauptsächlich in einem Gürtel von Betrieben und Wohnstätten außerhalb der alten Siedlung. Die Altstadt blieb jedoch der traditionelle Standort für die zahlenmäßig zurückgegangene kleinere handwerkliche Produktion, für die Gewerbetreibenden in Handel und Versorgung sowie der Sitz der städtischen Verwaltung, der Kirche und der Schule.

Schauen wir auf einen modernen Stadtplan, so sind deutlich die verschiedenen Siedlungsbereiche zu erkennen, die sich im Laufe der Entwicklung zum Gesamtorganismus der heutigen Stadt gefügt haben. Das Interesse dieser Darstellung soll zwar in erster Linie dem ehemals vollkommen ummauerten Siedlungsbereich, der eigentlichen alten Stadt, gelten. Doch ist es ebenso interessant, sich zunächst ein wenig „vor den Toren" der Stadt umzusehen und damit die neueren Stadtteile bei unserer Betrachtung nicht völlig außer Acht zu lassen.

Vor den Toren der Stadt lagen schon von Alters her die Mühlen, von denen sich bis heute bedeutende Spuren erhalten haben. Die ältesten Themarer Mühlen waren sicherlich Getreidemühlen, die als technische Anlagen wegen ihrer Nähe zur Lebensmittelversorgung in allen Zeiten größte Bedeutung für die Menschen besaßen. Mühlen waren stets Träger des technischen Fortschritts und sind in ihrer ursprünglich naturgegebenen unmittelbaren Verbindung zur Wasserkraft und der daraus erzeugten Energie - zunächst der durch die Wasserräder gewonnenen mechanischen, später, durch Turbinen, der elektrischen

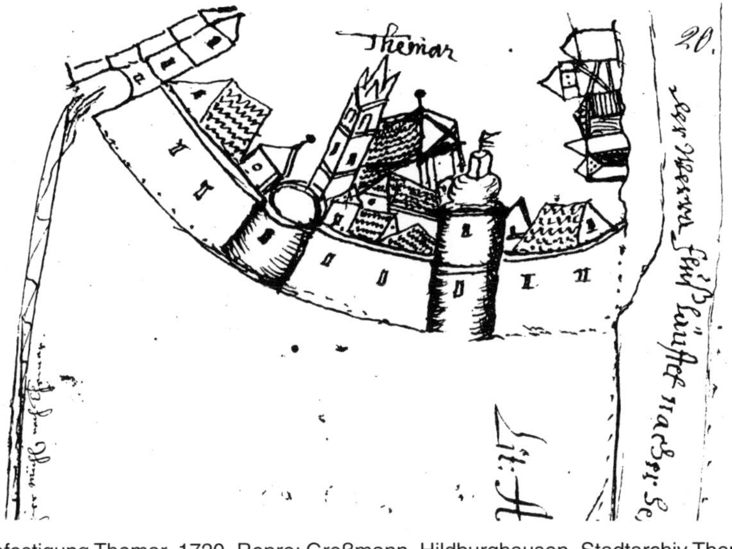

Stadtbefestigung Themar, 1720, Repro: Großmann, Hildburghausen, Stadtarchiv Themar

- nicht zuletzt auch die Keimzellen für manche große Fabrik gewesen. - Die bedeutende Wasserkraft der Werra machten sich die Obermühle, die Brückenmühle und die Untere oder Rasenmühle zu Nutze. Am deutlichsten dürfte die Mühlenanlage wohl noch an der Obermühle erkennbar sein, deren Vorgängerbauten 1874 niederbrannten und die daraufhin als „Kunst- & Schneide-Mühle von Chr. A. Leske" erneuert, vom Fabrikanten Barthel erweitert (Barthels-Mühle), heute noch im wesentlichen in ihrer Gestalt als Fabrikanlage des ausgehenden 19. und frühen 20. Jahrhunderts bewahrt ist. Besonders interessant ist ihre durch die natürlichen Verhältnisse gegebene Lage, eingeengt zwischen Mühlgraben und dem hier sehr schroff ansteigenden Hang des Iltenberges, so daß sich die imposante und hochaufragende Gebäudegruppe von Mühle, Lager- und Wirtschaftsgebäuden auf engstem Raum um einen kleinen Hof gruppiert und ihr auch die im 19. Jahrhundert noch gebräuchliche Bezeichnung „Rangenmühle" eintrug. Die Mühle war bis Anfang der neunziger Jahre unseres Jahrhunderts in Betrieb und wird neuerdings vorwiegend für Wohnzwecke erschlossen, ohne die Gesamtgestalt wesentlich zu beeinträchtigen. Außerdem ist bemerkenswert, daß nach der Einstellung der Mühlenproduktion die schon lange stilliegende Wasserkraftanlage zur Erzeugung von Elektroenergie wieder reaktiviert wurde. Zu diesem interessanten kleinen Denkmalensemble zählt auch die ehemalige Fabrikantenvilla, die in unmittelbarer Nähe, jedoch den steilen Hang hinauf über dem eigentlichen Mühlengehöft großzügig errichtet wurde und ihre Gestalt im wesentlichen ebenfalls bewahrt hat. - Ende des 18. Jahrhunderts hatte die Obermühle drei Mahlgänge, einen Ölgang und eine Schneidmühle.

Repro: Großmann, Hildburghausen, Stadtarchiv Themar

Die Mittel- oder Brückenmühle liegt in unmittelbarer Nähe der Werrabrücke jenseits des Flusses linker Hand der Straße nach Römhild. Die um einen weiten Hof locker gruppierten Gebäude, von der Straße noch durch den Graben eines der Werra zuströmenden Bachlaufs, das Talwasser, getrennt, lassen heute durch die vielfachen Modernisierungen, Um- und Erweiterungsbauten nur schwer die alte Gestalt des einstigen Mühlengehöftes ausmachen, zumal der Mühlgraben jetzt verfüllt ist. Die einstige Remise, die langgestreckte offene Wagenhalle der Mühle vom Ende des 19. Jahrhunderts, wurde neuerdings zu einem Sparkassengebäude umgebaut, das noch einige Spuren des ursprünglichen Fachwerkbaues weiterführt. Dort allerdings, wo noch vor 200 Jahren die Wasserkraft drei Mahlgänge, außerdem Öl-, Loh- und Walkmühlenwerk in Gang setzte, sind heute Produktions- und Geschäftsräume eines orthopädischen Schuhmacherbetriebes. Am späteren Wohnhaus der Mühle erinnert ein dort am Treppenaufgang eingemauerter alter Mühlstein an die auch hier schon viele Jahrzehnte erloschene Tradition.

Die Untere oder Rasenmühle liegt als Einzelgehöft unterhalb der Stadt inmitten der Werra-Wiesen. Sie hatte einstmals zwei Mahlgänge und einen Öl- und Lohgang, der 1699 in ein Papierwerk verwandelt wurde. Zwar ist auch hier die Nutzung der Wasserkraft zum Antrieb von Mahl- und Kollergängen schon lange aufgegeben, ist der Mühlgraben zugeschüttet, wird kein Korn mehr vermahlen, kein Ölsamen mehr zerquetscht und zerstoßen oder gar Rinde von Fichten und Eichen zur Gerberlohe zerkleinert, doch setzt diese Tradition in gewisser Weise ein später entstandenes kleines Sägewerk bis in unsere Tage fort.

Wie die drei genannten Werramühlen außerhalb der Stadtmauern und jenseits des Flusses gelegen gehörten zur Stadtflur auch vom Weißbach angetriebene und damit nördlich gelegene Mühlen, deren Stätten jedoch nicht eindeutig überliefert sind. Dazu zählten eine Öl-, Walk- und Schneidemühle, eine Papiermühle und eine Marmormühle, die 1794 in eine Ölmühle verwandelt wurde. Lediglich der „Walkmühlenweg", von der Straße nach Lengfeld abzweigend, weist in seinem Straßennamen noch auf die ehemalige Existenz historischer Produktionsstätten in dieser Gegend hin.

Bleiben wir noch ein wenig außerhalb der Mauern. Hier vor allem erfolgte im Zuge der Industrialisierung seit der zweiten Hälfte des 19. Jahrhunderts die Stadterweiterung. Die bedeutendste Zäsur war ohne Zweifel der Bau der Werraeisenbahn von Eisenach nach Lichtenfels. Der Schienenstrang führte weniger als zweihundert Meter vor dem ehemaligen hinteren Stadttor vorbei. Die Errichtung der Bahnstation Themar bedeutete für die Stadt nach der Eröffnung der Werrabahn 1858 nunmehr den verkehrsmäßigen Anschluß an die mit der Eisenbahn erreichbare „große Welt", was damals durch die bedeutende Erleichterung des Reise-, Fracht- und Güterverkehrs eine ganz wichtige Voraussetzung

Eiserne Brücke, 1840 - 1945, Repro: Großmann, Hildburghausen, Archiv: B. Knittel

für den Aufschwung von Handel und Gewerbe und die Entwicklung der Industrie war.

Schon bald wurde nun das Feld- und Wiesengelände zwischen Bahnhof und Stadt bebaut. Vor dem Hinteren Tor, jenseits der Brücke über den Weißbach, lag in der Gabelung des Weges nach Tachbach und Lengfeld der alte Gasthof „Drei Rosen". Der hier abzweigende Weg nach Lengfeld, der den Bachlauf zunächst direkt begleitet, wurde mit Ein- und Zweifamilienhäusern bebaut und nahm damit als „Friedrichstraße" (heute „Friedensstraße") Gestalt an. - Als in seiner Zeit besonders augenfällig muß auch das komplett als Ziegelrohbau ausgeführte, noch heute in der Gliederung der Baumassen imposant und großzügig erscheinende Wohnhaus des Fabrikanten Ferdinand Barthel (Leninstraße 32) auf die Zeitgenossen gewirkt haben, da es nach seiner Errrichtung 1890 außerhalb der Stadtmauer an der Überbrückung (1873) des aus Richtung Lengfeld kommenden und hier abbiegenden Weißbachs noch lange ohne Nachbargebäude an der damals neuen Bernhardstraße (heute Leninstraße) stand. Erst 1907 errichtete auf dem nördlich anstoßenden Gelände Gießler den ansehnlichen Sitz seines Baugeschäftes mit stattlichem Wohnhaus und den um einen Hof gruppierten Bauwerkstätten (Friedensstraße 2). Nicht zuletzt zu nennen sind hier auch das „Schützenhaus" oder das Kaiserliche Postamt. Besonders das an Stelle des alten Gasthofes großzügig errichtete Hotel „Drei Rosen", Eckgebäude an der Bahnhof- und Friedensstraße, mag seinerzeit als Zeichen für das Aufblühen der Stadt gegolten haben, die in der Folge auch als „Sommerfrische" entdeckt und propagiert wird. Neben der damit verbundenen Erweiterung vorhandener Unterkunftsmöglichkeiten, die in den Gasthäusern traditionell gegeben waren, wie z.B. durch die Aufstockung des „Grünen Baumes" auf dem Markt, entstanden

Themar um 1900, Repro: Großmann, Hildburghausen, Archiv: B. Knittel

„Thüringer Hof" und Schloßturm, Repro: Großmann, Hildburghausen, Archiv: B. Knittel

auch weitere, modernen Anforderungen genügende Hotelneubauten, wie der „Thüringer Hof" an der Ecke Schloßgasse/Bernhardstraße oder das schon damals sehr exklusiv am eingefallenen Berg gelegene und extravagant ausgestattete schloßartige Gebäude der „Villa Iltenburg" (Baubeginn 1907), die im üblichen Sprachgebrauch wegen der grünglasierten Dachziegel und der im Laufe der Zeit grüngewordenen Kupferdeckung auch als „Grüne Villa" bezeichnet wurde. Trotz der späteren Nutzung als „Städtisches Kurhaus" mußte dieses Gebäude schließlich wegen vermeintlich fortschreitender statischer Schäden bis 1953 wieder abgetragen werden.

Verschiedene nahegelegene Tonvorkommen (Tongrube) ermöglichten zeitweise fünf Ziegeleien eine Existenz. Ihre Fabrikschornsteine beherrschen auf historischen Aufnahmen um die Jahrhundertwende die Silhouette der Stadt. Noch heute sind einige ältere Ziegeleigebäude mit qualitätvollen Ziegelrohbau- bzw. Klinkerfassaden von damals vorhanden, z.B. am Ende der Weißbachstraße Nr. 34 und 36 oder an der Einmündung der Iltenbergstraße zur Römhilder Straße, die spätere Tischlerei Schippel. Die offensichtlich florierende heimische Ziegelproduktion prägte nicht zuletzt auch das Bild der Stadt durch Neubauten jener Jahre, wovon heute neben vielen Wohnhäusern besonders auch die vielfach durch Lisenen und Gesimse plastisch senkrecht und waagerecht gegliederten Fassaden des 1902 errichteten ehemaligen Brauereigebäudes der Fa. Fichtel in der Römhilder Straße zeugt. Es wurde später zur Bäckerei umgenutzt und dient heute als Wohngebäude. Ebenso ist das ehemalige Sudhaus der Heubner-Brauerei in der Wassergasse Ecke Rosengasse mit seinen großen rundbogigen Fenstern ein sehr schönes und typisches Beispiel für die Backstein- und Industriearchitektur jener Jahre.

Nicht zuletzt heimische Baufirmen, wie etwa das 1883 gegründete und mittlerweile legendäre Baugeschäft des Maurermeisters Gottlieb Gießler (1858-1935) nahmen sich der durch die Ausbildung am Hildburghäuser Technikum um die Jahrhundertwende vermittelten Neubelebung regionaler und lokaler Traditionen der Fachwerkbauweise an, die nunmehr auch mit sichtbarem Ziegelmauerwerk kombiniert wurde. Noch heute künden zahlreiche Gebäude in den nach teilweisem Abbruch der Stadtmauer, Einebnung des Walles und Begradi-

Repro: Großmann, Hildburghausen, Archiv: B. Knittel

gung des Weißbaches besonders um und nach der Jahrhundertwende entstandenen Häuserzeilen vor allem an der heutigen Leninstraße, der Schulstraße, der Georg-Straße, der Friedensstraße, der Meininger Straße, der Mauerstraße (hier auch Gebäude der zur Jahrhundertwende aufblühenden Industrie), der Krämerstraße oder in der Turnerstraße von diesem damals als bewußt heimatbezogen verstandenen „Baustil", der versuchten Wiederbelebung alter Zierformen aus der bodenständiger Fachwerkarchitektur. Die relative Einheitlichkeit der jeweiligen Bebauung der genannten Straßenzüge ließ ein gestalterisch geschlossenes und harmonisches Bild der Stadterweiterungen in ihrer unmittelbaren Nachbarschaft zur alten Stadt entstehen, das uns bis heute zu beeindrucken vermag. - Doch verschloß man sich, bei aller Rückbesinnung auf die Tradition gerade auch im Baugewerbe keineswegs den sich eröffnenden modernen Methoden und technischen Neuerungen der Zeit. So entstand 1908/09, ausgeführt durch das Baugeschäft Gießler, das erste bedeutende Stahlbetonbauwerk der Stadt, die im Auftrag der Barthels-Mühle (Obere Mühle) errichtete Werra-Brücke, die mit der Anlage der Torwiesenstraße zwischen der Hildburghäuser und der Iltenbergstraße (früher Hasengasse) eine wesentliche Verbesserung und Verkürzung für den Lastverkehr von und zur Mühle bedeutete. Im Zusammenhang mit diesem Brückenbau wird der Einsatz einer ersten motorgetriebenen Mischmaschine überliefert, deren Benzin damals allerdings noch in der Apotheke geholt werden mußte.

Ansicht von Norden (Steinbruch), um 1900, Repro: Großmann, Hildburghausen, Archiv: B. Knittel

Vor allem jenseits der Bahnanlagen wurden weitere Fabrikanlagen errichtet, die teilweise auch über eigene Anschlußgleise zur Werra-Bahn verfügten. Aus der heimischen handwerklichen Tradition begründeten sich mehrere Möbelfabriken. Ihre Produktion und die der 1875 gegründeten Räderschen Korbmöbel- und Korbwarenfabrik, (deren Gebäude am Eingang der Mauerstraße nach 1945 als Handweberei-Betriebe dienten,) sorgte in der Folge maßgeblich für ein weiteres Aufblühen der Stadt und machte nicht zuletzt Themar als „Möbelstadt" bekannt. Die industrielle Möbelproduktion ist auch heute noch in der Stadt zu Hause, auch wenn, wie bei den Ziegeleien, die ehemals zahlreichen hohen Fabrikschornsteine - bis auf einen - schon lange gefallen und aus dem Stadtbild wieder verschwunden sind.

Im Schatten dieser Betriebe folgte bald die Ansiedlung der Arbeitskräfte, d. h. auf den ehemaligen Wiesen und Feldern jenseits der Bahn dehnte sich das bebaute Territorium der Stadt nun weiter aus. Vor allem nach der Jahrhundertwende wurde die Lengfelder Straße nach und nach bebaut und es entstanden bis 1945 hier „im Grünen" zahlreiche lockere Reihen von Siedlungshäusern. Auch in den Jahrzehnten nach dem Kriegsende wurde die hier mit Lutherstraße, Heubnerstraße, Schultesstraße, Feldsteinstraße oder Ludwigstraße begonnene Bebauung fortgesetzt und auch weitere neue Wohnstraßen angelegt, wie etwa die Karl-Marx-Straße, die Siedlungsstraße, der Neue Weg oder zuletzt die Schöne Aussicht. Neben zahlreichen Einfamilienhäusern wurden auch Wohnblöcke in Plattenbauweise errichtet, die z.B. als dreigeschossige Bauten am Standort „Grahügel" westlich der Lengfelder Straße seit den 70er und 80er Jahren dominieren oder, als Fünfgeschosser, bereits Ende der 60er Jahre am Haardtweg unweit der Ludwigstraße fertiggestellt wurden. Hier entstand auch der Gebäudekomplex von Berufsschule mit Internat. Auf einer Bergterrasse jenseits der Ludwigstraße wurde 1969 das Städtische Freibad angelegt.

Als eine in dieser Region städtebaulich verfehlte Planung muß die Anlage der Reihenhaussiedlung unterhalb des Birkenwäldchens gesehen werden, wo in mehreren Terrassen in exponierter Lage am Hang Reihen- und Doppelhäuser ohne die gebietstypischen steilen Satteldächer errichtet wurden. Diese für unser Auge hier eigentlich ungewohnten Bauformen, die Schachtelung der Gebäude mit massiven Flachdächern, trugen dem neuen Wohngebiet, der „Siedlung der Deutsch-Sowjetischen Freundschaft" (heute „Zum Birkenwäldchen"), schon bald im Volksmund die Bezeichnung „Arabersiedlung" ein.

Die letzte größere Erweiterung der Wohnbebauung der Stadt erfolgte in den 80er Jahren, als neben mehreren Einzelstandorten, wie etwa am Neuhofer Weg, dort auch ein völlig neuer Straßenzug, die Gartenstraße, als doppelseitig mit Einfamilienhäusern bebaute Wohnstraße unterhalb der stillgelegten Deponie entstand. - Zwischen Eisenbahn und Schleifmühlenweg war nach 1945 im Anschluß an das Gelände einer hier schon vorhandenen älteren Ziegelei, die um 1970 erneuert wurde, nach 1990 aber ihre Produktion einstellte, ein ausgedehnter Komplex von Produktionsanlagen der Baustoffindustrie angelegt worden, deren Zulieferung direkt aus dem jenseits der Werra gelegenen Kalkwerk und mit der Eisenbahn erfolgte. Bereiche dieser Anlagen wurden nach 1990 stillgelegt und demontiert, andere erneuert und machen Themar bis heute zu einem Standort der Baumaterialienindustrie. Die Bindemitteltankstelle, die 1959 bis 1963 unmittelbar hinter dem Bahnübergang Richtung Lengfeld rechts der Straße als zentraler Umschlagplatz für Zement errichtet und über einen eigenen Gleisanschluß versorgt wurde, ist seit wenigen Jahren stillgelegt. Was blieb ist der gewaltige Koloss von acht monumentalen Silotürmen aus Stahlbeton (von denen jeder einzelne 1000 Tonnen Zement aufnehmen konnte) sowie umliegende Bauten und Betriebsanlagen.

Wenden wir uns dem zu, was der Besucher unserer Stadt als gebaute und damit steingewordene Geschichte unseres Städtchens innerhalb der Stadtmauern vorfindet und in den vielgestaltigen Facetten für sich zu einem Gesamtbild ordnen mag. - Die Reste der imposanten Stadtmauer sind beachtlich. Sie ist in großen Partien bis zu fünf Metern hoch erhalten. Das dadurch geschützte Territorium weist einen nahezu dreieckigen Grundriß auf, wobei die mit 625 Metern längste Seite dieses Dreiecks der Werra folgt, die hier im wesentlichen auf der linken, der südwestlichen Talseite strömt. Die Stadt erstreckt sich also hauptsächlich auf der nördlichen Talebene, d. h. rechts des Flußlaufes, wo die „Spitze" des Dreiecks mit 350 Metern den weitesten Abstand von der Werra erreicht und hier wiederum nur noch durch heutige Straßenbreite vom Weißbach als nördlicher natürlicher Begrenzung der alten Stadt getrennt ist.

Hexenturm, Repro: Großmann, Hildburghausen
Archiv: B. Knittel

Der Weißbach fällt durch ein nordöstliches Seitental ein, strömt talabwärts parallel zur Werra, in die er schließlich in den Wiesen unterhalb der Stadt, etwa auf halber Strecke nach Henfstädt, mündet. Noch Ende des 19. Jahrhunderts durchfloß der Weißbach in verschiedenen Nebenarmen auch einen großen Teil der Stadt und sicherte die Wasserversorgung für das alte städtische Brauhaus, für zahlreiche Handwerker (Rot- und Weißgerber), war willkommenes Mittel zur Entsorgung von Unrat und Abwässern, die damit aus der Stadt gespült wurden und war außerdem, sicherlich z. T. unter Ausnutzung natürlicher Gegebenheiten, ein Bestandteil der städtischen Befestigungswerke. Die Stadtmauer umschloß ein Territorium von etwa 16 Hektar Fläche, wobei sie eine Länge von immerhin rund 1.650 m erreichte. Wegen des ausgeprägten hakenförmigen Verlaufs der beiden hauptsächlichen Straßenzüge, die als Obere Stadt und Hintere Stadt besiedelt waren, mußte die Mauer so geführt werden, daß sie die beiden Siedlungsstreifen umschloß und das sowohl möglichst vollständig als auch auf dem kürzesten Wege zwischen den (sicher gegebenen) entferntesten Siedlungspunkten. Durch den solcherart optimierten Verlauf der Mauer wurde allerdings auch ein beträchtliches Flächenquantum mit eingeschlossen, das selbst gar nicht bebaut war und das sich wegen der feuchten und niedrigen Lage auch schlecht dazu eignete. Diese Fläche, die Bräuwiesen, wurde erst an der Wende des 19. zum 20. Jahrhunderts bebaut, also rund 400 Jahre nach dem Bau der Mauer und als diese bereits ihren Sinn verloren hatte und teilweise wieder niedergelegt wurde. -

Pulverturm, Repro: Großmann, Hildburghausen, Archiv: B. Knittel

Das Begehren der Stadt, die Genehmigung zum Bau einer festen Mauer zu erlangen, wurde 1390 von den beiden Stadtherren, den Grafen von Henneberg und von Schwarzburg, die die Stadt jeweils zur Hälfte innehatten, offenbar schroff zurückgewiesen. Dabei wurde jeglicher Mauerbau und eine über den damaligen Stand hinausgehende Befestigung ausdrücklich auch künftig untersagt. Es blieb Ende des 14. Jahrhunderts zunächst bei der bisherigen Befestigung mit „schlechtem", also einfachem Zaun und hölzernen Toren. Knapp 70 Jahre später war dann doch ein umfangreicheres städtisches Bauvorhaben im Gange, denn Wilhelm von Henneberg-Schleusingen gestand der Stadt 1457 gewisse Anteile bis dahin ihm zustehender Einkünfte zu, um den angefangenen „Bau" voranzubringen. Ob damit allerdings bereits die Stadtmauern oder andere fortifikatorische Maßnahmen gemeint waren, wird in diesem Zusammenhang nicht deutlich. Die Errichtung der sieben größeren und kleineren Türme, der zwischen diese gespannten langen Mauerzüge und dreier kleiner Rondels, belastete die Bürgerschaft schließlich über etliche Generationen und ist spätestens seit dem Ende des 15. bzw. frühen 16. Jahrhundert in Gang, nachdem die alte Schutzfunktion des umwehrten Kirchhofes durch der Errichtung der neuen, großen Stadtpfarrkirche in demselben baulich an Bedeutung verloren haben muß. Hinzu kamen später die Aufwendungen für die Vervollständigung, Unterhaltung und Erneuerung der Anlagen, was für das 17. Jahrhundert überliefert ist. -

Die Wehrhaftigkeit der Maueranlage wurde zusätzlich durch Wall und Graben unterstützt, die sich teilweise noch bis zur Jahrhundertwende in vernachlässigtem Zustand erhalten hatten. So wie der Werralauf südlich einen natürlichen Schutz bot, leitete man aus den nördlich der Stadt kommenden Armen des Weißbaches das Wasser in einen um die Mauer herumgelegten Graben, der bis zur Mauer selbst heranreichte, so daß der Mauerfuß direkt im Wasser stand. Diesem Graben, der Ende des letzten Jahrhunderts zu großen Teilen bereits verlandet und teilweise mit Weiden bewachsen oder mit Unrat verfüllt war, hatte man noch einen Wall vorgelegt. Die frühere Bernhardstraße (Leninstraße) ist als „Stadtumgehung" auf diesem ehemaligen Wall entlanggeführt. Der heutige Verlauf des Weißbaches ist das Ergebnis seiner Kanalisierung Anfang unseres Jahrhunderts, wodurch auch die ehemals durch die Stadt geführten offenen Bachläufe verschwunden sind.

Die Mauer wird in unregelmäßigen Abständen durch runde Turmbauten unterbrochen, die sowohl stadtseitig als auch nach außen vor die jeweilige Mauerflucht treten. Die stärksten Türme mit einem Durchmesser von ca. sechs Metern finden sich im nördlichen und östlichen Bereich. Der nordwestlich des oberen Tores gelegene trägt die Jahreszahl 1557. In diesen Bereichen, gegen das offene Tal, scheint die Wehrhaftigkeit dadurch besonders betont zu sein. Ohne bedeutende Turmbauten blieb jedoch die lange Flucht an der Werraseite, denn die südliche Stadtseite war eigentlich durch den Flußlauf schon verhältnismäßig gut geschützt. Außer einem hier im östlichen Bereich gelegenen kleinen Rundturm, der jedoch nur stadtseitig in Erscheinung tritt, war nur das ehemalige Brückentor das einzige größere Befestigungswerk in der südlichen Mauer zur Sicherung des strategisch wichtigen Zugangs über die Brücke in die Stadt. Dieser neuralgische Punkt wurde besonders wehrhaft ausgebildet. Die schwere Sandsteinmauer im Bereich eines großen Torbogens als Straßendurchgang war wie ein trutziger Schild gebäudehoch aufgeführt und mit festen Gebäuden flügelartig hinterbaut. Für die Torfahrt selbst ist ein fester zwingerartig angelegter Bau zu vermuten, soweit es noch aus Abbildungen zu rekonstruieren ist. Torturmartig angelegt waren das Obertor und auch das Hintere Tor, dessen Gestalt als viereckiger Turm mit rundbogiger Torfahrt und drei Geschossen darüber eine Skizze von 1720 überliefert. - Die nordwestlich von der Werra zum Hinteren Tor sich erstreckenden Mauern verfügten offensichtlich außer einem starken Turm (1603) in Verbindung mit dem stadtseitig angebauten Verließ nur über drei kleinere Rondels, die als Schalentürme halbrund aus der Flucht heraustreten und damit die Beobachtung und nötigenfalls auch die Bestreichung der jeweiligen Mauerflanken, auch der des Hinteren Tores, ermöglichten. - Die bedeutenden Reste der Stadtmauer sind heute insgesamt noch über 800 Meter lang und befinden sich in längeren Abschnitten entlang der Leninstraße (frühere Bernhardstraße), im Bereich des Oberen Tores, hinter den Grundstücken westlich der Torwiesenstraße und folgen dem Lauf der Werra bis kurz hinter die Brücke der Römhilder Straße.

Ein kurzer Abschnitt ist in der Mauerstraße noch sichtbar, ein letzter längerer Mauerzug, von der Werra kommend, ist im Bereich des Hirtengrundes, dem westlichen Ende der Mangersgasse erhalten. Etwa mittig im letztgenannten Mauerzug steht der sogenannte „Hexenturm". Diese noch gebräuchliche Bezeichnung für den mit seinem hohen Turmdach heute stattlichsten der in den genannten Mauerzügen erhaltengebliebenen Türme rührt von dem Umstand her, daß diesem Turm ein kleines Gebäude angebaut war, in dem der Überlieferung nach noch im 17. Jahrhundert die dem Wahn des Aberglaubens zum Opfer gefallenen „Hexen" festgesetzt, in Eisen geschlossen und mittels Marterung zu ihren vermeintlichen, im Bündnis mit dem Teufel begangenen Missetaten hochnotpeinlich „befragt" wurden. Außer dem Turmbau selbst, der über rundem Unterbau von zwei Geschossen (- an einem Fenster des ersten Obergeschosses erscheint die Jahreszahl 1603 -) und achteckigem Obergeschoß von einem sehr hoch geführten verschieferten Schweifkuppeldach bekrönt ist, hat sich das massive Erdgeschoß dieser „Folterkammer", das wie die Stadtmauer und die Turmbauten überhaupt in Bruchsteinmauerwerk aufgeführt ist, bis heute weitgehend erhalten. Zu erkennen sind auch noch einige Stufen der im Innern des alten Gebäudes einst hinaufführenden Treppe, die ein Anhaltspunkt für ein aufgesetztes oberes Stockwerk ist, von dem aus man zugleich in den anstoßenden Turm gelangen konnte, wie eine vermauerte Türöffnung in demselben erkennen läßt. Das auf dem massiven Unterbau errichtete und zur Stadtseite auf einem starken hölzernen Joch weit auskragende Stockwerk war eine einfache Fachwerkkonstruktion mit Satteldach und diente noch um die Jahrhundertwende armen Einwohnern der Stadt als Behausung.

Drei Tore ermöglichten den Zugang in die ummauerte Stadt. Hintertor, Obertor und Brückentor markierten zugleich auch die Hauptverkehrsrichtungen aus Meiningen, Hildburghausen und Römhild, die hier zusammentrafen. Das Werratal herauf gelangte man aus Richtung Meiningen durch das Hintertor in die Stadt. Der Torturm befand sich an der Einmündung der heutigen Bahnhofstraße zur Meininger Straße (Hintere Stadt). Das Obere Tor ist durch zwei mächtige Torpfeiler am Ausgang der Ernst-Thälmann-Straße markiert, wenngleich die ehemaligen Torbefestigungen heute nicht mehr erhalten sind. Hier langte man an, wenn man das Werratal herab aus Richtung Schleusingen bzw. Hildburghausen kam und betrat die Obere Stadt. Das dritte, baulich wohl interessanteste Tor, das Brückentor, befand sich unmittelbar an der ehemaligen Steinbogenbrücke über die Werra in der Stadtmauer. Vor dem Tor endete zunächst der Fahrweg aus Richtung Römhild. Hier ist auch die Stelle, wo die Bebauung der Stadt den Mauerring verließ und den Fluß übersprang. Gebäude des 17. und vor allem des 18. Jahrhunderts lassen auf eine begonnene Stadterweiterung schließen (Vorstadt), die aber im wesentlichen bis in unser Jahrhundert nicht über die Ansätze einer geschlossenen einseitigen Straßenbebauung, zunächst auch nur westlich der (Römhilder) Straße, im östlichen Bereich der Zent, hinausgekommen ist. 1359 wird bereits eine Hofstätte „bei der Zent" genannt. Doch da nicht bekannt ist, wo der eigentliche Gerichtsplatz lag, ist fraglich, ob sich hinter dieser Lagebezeichnung das bebaute Areal an der Römhilder Straße oder vielleicht eine frühere Siedlungsstelle am alten Weg nach Henfstädt und Leutersdorf verbirgt. Denn auch wenige hundert Meter weiter, etwa da, wo die Römhilder Straße das offene Tal verläßt und der Weg zur Steinernen Kirche abzweigt, finden sich an den steinernen Erdgeschossen der beiden hier am Fuße des Berghangs dicht beieinander aber doch einzelnstehenden Gebäude mit „1724" und „1801" interessante Datierungen für diesen entlegeneren Siedlungsplatz im Weichbild der Stadt.

Das von den Mauern einst vollständig umfriedete Territorium ist durch ein Straßennetz erschlossen, dessen alte Anlage bis heute weitgehend ungestört bewahrt ist. „Hintere Stadt" (heute „Bahnhofstraße") und „Obere Stadt" (heute „Ernst-Thälmann-Straße") sind die alten Hauptstraßen, deren historische Bezeichnungen auf die beiden wesentlichen und wichtigsten Siedlungsbereiche hindeuten. Während die annähernd parallel zur Werra verlaufende „Obere Stadt" hauptsächlich nur aus einem einzigen geraden und verhältnismäßig breiten Straßenzug besteht, dessen südlich abgehende Gassen, „Scherersgasse", „Seelhausgasse" und das enge „Spießegäßchen" zur alten Bebauung an der südlichen Stadtmauer führen und die nördlich abzweigenden Seitengassen, namentlich die (Herzog-)„Georg-Straße" und die „Georg-Kempt-Straße" (früher „Frosch-Gasse") erst im Zuge der Aufsiedelung der ehemaligen „Bräu-Wiesen" Ende des 19. Jahrhunderts mit Wohnhäusern bebaut wurden, ist die „Hintere Stadt" durch ein deutliches Abknicken ihres (Haupt-) Straßenverlaufs gekennzeichnet. An dieser Biegung der sich hier fast platzartig weitenden Hauptstraße zweigen „Wassergasse" und „Schloßgasse" als ältere Straßenzüge ab. Die in Richtung Markt wenig weiter einmündende „Schulstraße", in etwa parallel zur „Ernst-Thälmann-Straße" verlaufend, durchquert seit erst etwa einhundert Jahren die ehemaligen „Bräu-Wiesen" und ist nördlich heute hauptsächlich dominiert von dem in den Nachkriegsjahren 1949-53 hier angelegten und später erweiterten Komplex der Schulgebäude (heute Regelschule „Anne Frank"), die den Zug der Georg-Straße unterbrechen. Auf der gegenüberliegenden, der südlichen Straßenseite stehen respektable Miets- und Geschäftshäuser aus der Zeit nach der Jahrhundertwende.

Georgstraße um 1910, Repro: Großmann, Hildburghausen, Archiv: B. Knittel

Die beiden Hauptstraßenzüge sind beidseitig mit zwei- und dreistöckigen Wohnhäusern bebaut, die die jeweilige Grundstücksbreite gänzlich einnehmen und aufgrund der durchgängigen Stellung der Traufen zur Straße Giebel an Giebel dicht aneinandergebaut sind. Z. T. sind hier noch die alten Torfahrten erhalten, die darauf hinweisen, daß die jeweils nur hausbreiten Grundstücke sich gehöftartig nicht unbeträchtlich in die Tiefe entwickeln. Hinter dem Wohnhaus liegt der Hof, der auf einer Seite (selten beidseitig) mit Stallungen, Wirtschafts-, Speicher- und sonstigen untergeordneten Nebengebäuden, die später manchmal ebenfalls zu Wohnungen umfunktioniert wurden, auf der Grenze zum Nachbargrundstück bebaut ist. Weiter in die Grundstückstiefe greifend findet sich in der Regel oft ein Scheunenbau, der das Gehöft baulich in der Tiefe abschließt. Hinter der Scheune folgt(e) dann eine großzügige Gartenfläche mit Obstbaumbestand und Wiese.

Ein ganz besonderes städtebauliches Kleinod ist der annähernd quadratische Marktplatz Hier treffen die genannten Hauptstraßenzüge von Norden und von Osten an den sich gegenüberliegenden Ecken der Ostseite des Platzes aufeinander, so daß die Hauptpassage durch die Stadt den Platz, an seiner Ostseite entlang, in seitlicher Berührung gänzlich quert. An der Westseite münden hier im Süden die „Mangersgasse", im Norden die„Traubengasse" und die „Rosengasse". Alle vier Seiten des Platzes sind mit zwei und dreistöckigen Wohnhäusern in Traufstellung bebaut. Die sehr ausgewogene Gesamterscheinung des Platz-

Rathaus vor dem Umbau, 1912,
Repro: Großmann, Hildburghausen
Archiv: B. Knittel

raumes mag nicht zuletzt in der Wahrung der aufeinander Bezug nehmenden Proportionen der Gebäude und Gebäudedetails begründet sein, die bis auf geringe neuere Veränderungen im wesentlichen im 18. Jahrhundert zu Stande gekommen sein dürften und auch von den Eingriffen des 19. und frühen 20. Jahrhunderts nicht beseitigt wurden. So wie die gesamte alte Bebauung der Stadt erfolgte auch die des Marktplatzes mit Fachwerkhäusern. Leider vermögen heute die nur wenigen sichtbar erhaltenen gebliebenen oder wiederhergestellten alten Fachwerkfassaden an keiner Stelle mehr den Eindruck als geschlossenes städtebauliches Ensemble hervorzubringen, so daß es dem heutigen Betrachter schwerfallen wird, die enthusiastische Äußerung eines Zeitgenossen vom Ende des 19. Jahrhunderts nachzuvollziehen, der in einem Zeitungsbericht über unser Städtchen von Themar als einem „Klein Rothenburg" sprach. Dieser überschwängliche Vergleich ist im Prinzip durchaus glaubhaft, wenn man bedenkt, daß seit den Oktobertagen 1634, wo große Teile der Stadt durch Feuer vernichtet in Schutt und Asche versanken, es hier keine großflächigen Zerstörungen mehr gegeben hat, die eine Neubebauung größeren Umfangs nach sich gezogen hätte, von Verlusten einzelner Objekte sicher abgesehen. Auch Industrialisierung und bauliche Erweiterung der Stadt seit dem ausgehenden 19. Jahrhundert vermochten die historischen Strukturen nicht anzugreifen, auch nicht die Zerstörungen, die der unselige Zweite Weltkrieg selbst in unserem Kleinstadtidyll hinterließ - zu nennen ist das in amerikanischem Panzerbeschuß untergegangene, 1901 als Klinkerbau errichtete Gebäude der Volksschule samt benachbarten Häusern, wie „Thüringer Hof", „Gasthaus zur Post" u.a. - so daß wir noch heute, sogar bis in die konkrete Bausubstanz hinein, das vorfinden und aufsuchen können, was vor vielen Generationen gestalterisch Maßstäbe setzte, denen nach allen Erfahrungen bis heute nur schwer gleichwertiges entgegenzusetzen ist und dem wir schon deshalb unseren Respekt schuldig sind. -

Es sei an dieser Stelle kurz auf die Zerstörungen des Dreißigjährigen Krieges eingegangen, an dessen Ende die Stadt in weiten Bereichen nur noch ein großes Trümmerfeld war. Chronistischen Angaben von 1676 zu folge standen nach der Feuersbrunst am 16. Oktober 1634 - am Vormittag dieses Tages waren die kaiserlichen Truppen, die „Kroaten", in die Stadt einmarschiert - außer der Kirche noch 69 Wohnhäuser, wo anschließend drei „Rittmeister" mit ihren Truppen einquartiert wurden. Außer den 269 Wohnungen in 209 zerstörten Häusern werden als ein Raub der Flammen ausdrücklich genannt der neuerbaute Pfarrhof, die Schullehrer-Wohnungen, die lateinische und deutsche Schule, das fürstliche Amtshaus, das Rathaus samt dem Ratskeller und Hintergebäuden, zwei Torhäuser, ein neuerbauter Turm, und schließlich der Gefängnisturm mit unterschiedlichen Stuben und Gewölben. Das Leid der Stadtbevölkerung läßt sich angesichts dieses Grauens kaum in Worte fassen. Zuvor lagerte hier Weimarische Reiterei, die sich vor der Übermacht der Kaiserlichen jedoch am 9. Oktober zu mitternächtlicher Stunde fluchtartig zunächst nach Suhl zurückgezogen hatte und in deren vermeintlichen Schutz viele Bewohner der Umgegend dorthin gefolgt waren. So finden wir u. a. den Themarer Pfarrer Magister Wolfgang Banz und seine Angehörigen, die sich ebenfalls in die Suhler Wälder am Domberg geflüchtet hatten, aber trotzdem, wie viele andere auch, am 16. Oktober hier von den Kroaten aufgespürt und gefangengenommen wurden. - Widerstand leistete nach Abzug der Weimarischen aus Themar die hier noch verbliebene „waffenfähige Mannschaft" den umherstreifenden Reiterpatroullien der Kroaten, der Vorhut der heranrückenden Truppen des kaiserlichen Generals Johann Ludwig Hektor Graf von Isolani (1586 - 1640), der erst 1634 als Feldzeugmeister den Oberbefehl über die Kroaten erhalten hatte und in seinen Feldzügen als einer der kühnsten Reitergenerale gefürchtet war, nicht zu Unrecht, wie man sehen konnte. -

Das Rathaus als wohl wichtigstes kommunales Gebäude ist am Marktplatz dreigeschossig errichtet und dominiert als Baukörper die südliche Platzwand. Ganz genial steigert die Bebauung dieser Marktseite die optische Dominanz des Rathausbaues und weist damit zugleich auf dessen Bedeutung als öffentliches Gebäude hin. Es scheint auf den ersten Blick eher zufällig, daß die drei Bürgerhäuser, die links vom Rathaus stehen, mit zunehmendem Abstand von demselben immer kleiner werden und damit eine architektonisch überaus eindrucksvolle Staffelung zu Stande kommt. Bei eingehenderer Betrachtung ist aber mit Sicherheit nicht zu verkennen, daß hier die Wirkung optischer Gesetze für eine derartige Herausarbeitung der Bedeutungsperspektive gewiß kein Zufall sein kann. Alle Blicke werden unbewußt dem Rathaus, dem Zentrum kommunaler Macht zugeführt.

Planung zum Rathaus, 1706,
Repro: Großmann, Hildburghausen
Archiv: B. Knittel

Der heutige Bau entstand 1706-1711 als Fachwerkbaukörper auf einem massiven Erdgeschoß. Die über dem rundbogigen Eingangsportal sichtbare Jahreszahl „1608" deutet darauf hin, daß bei der Errichtung des jetzigen Hauses auch massive Teile eines Vorgängerbaues benutzt wurden, bei dem es sich um das 1634 im Stadtbrand untergegangene Ratsgebäude gehandelt hat. Der elfachsige barocke Bau erhebt sich in drei hohen Geschossen inmitten der Häuserreihe. Die Nachbargebäude sind jeweils unmittelbar angebaut. Aus der Gebäudeflucht tritt nur der giebelbekrönte Mittelrisalit deutlich hervor. Dieser enthält im Erdgeschoß den alten Zugang zum Gebäude als Rundbogentor und weist in den beiden oberen Stockwerken jeweils fünf Fensterachsen auf. Das Giebelfeld trägt seit 1911 statt zweier Fenster das Wappen der Stadt, das wie auch die übrigen Gliederungselemente der gesamten Fassade - die Rustizierung im Ergeschoß, Lisenen und Bänder an den beiden oberen Stockwerken - nur aufgeputzt als Flachrelief erscheint. Die Dominanz des Rathauses am Markt wird nicht zuletzt auch durch die Wirkung seines hohen steilen Satteldaches mit acht symmetrisch angeordneten Dacherkern weiter betont. Die Krönung des Baues ist ein hohes schlankes verschiefertes Uhrtürmchen, dessen aufeinandersitzenden Bauglieder in der Höhe durch kräftig profilierte Gesimse mehrfach geteilt sind. Der Dachreiter besteht aus dem das Gebäudedach durchdringenden, im Grundriß quadratischen Unterbau, dessen zum Markt gerichtete Seite das Zifferblatt der Rathausuhr trägt. Diesem Unterbau folgt eine offene achtseitige Laterne, die mit einer Schweifkuppel bedeckt ist, die ihrerseits wiederum eine kleinere gleichartig ausgebildete Laterne mit Schweifkuppeldach trägt, deren Helmstange schließlich mit goldener Kugel und Wetterfahne besetzt ist.

Das Innere des Rathauses wurde baulich mehrfach verändert. So befand sich einst im Erdgeschoß neben der Zufahrt zum hinter dem Gebäude gelegenen Hof mit Wirtschaftsgebäuden eine vom Rat verpachtete Schankwirtschaft und die Wohnung des Wirtes. In der breiten, hallenartigen Torfahrt führte eine seitlich gelegene offene Treppe in das erste Obergeschoß, wo neben einigen Amtsräumen vor allem die große Ratsstube lag. Im zweiten Obergeschoß, weitgehend eine einzige große Halle, dem „Tuchboden", legten noch vor 200 Jahren die Tuchmacher und Kürschner an Markttagen ihre einschlägigen Waren zum Verkauf aus. Um die Jahrhundertwende dienten Erdgeschoß und erstes Obergeschoß als Wirtshaus und Gasthaus „Zur Henne", während der Stadtrat das zweite Obergeschoß nutzte, das 1862 durch Einziehen zahlreicher Zwischenwände in einzelne Räumlichkeiten geteilt wurde. Heute nutzt die Stadtverwaltung das gesamte Gebäude. Lediglich da, wo nach dem 1911 erfolgten Umbau und der Neugestaltung der Putzfassade im linken unteren Geschoß der „Ratskeller" lag, ist heute die Bibliothek untergebracht.

Die Stadt begann 1706 in den stehengebliebenen Resten, dem massiven Erdgeschoß des alten Rathausbaues, mit der Vervollständigung des ehemaligen Gebäudes, um ein neues Rathaus zu errichten. Zu diesem Zwecke ließ der Stadtrat zwei „Risse" zum neuen Rathausbau vom eingesessenen Zimmerermeister Johann Georg Kneußel (1648-1732) anfertigen, der im selben Jahr bereits Teile der Zulage ausführte, Holz heraussuchte und 20 Eichen abschnürte und aus den Stämmen Balken schlug. Nur wenige Jahre zuvor, 1704, erscheint Meister Kneußel, in landesherrlichem Dienst verdingt, bereits als planender und bauausführender Handwerker beim Umbau der alten Basilika samt Neubau des gewaltigen Kirchendaches in der benachbarten Klosterdomäne Veßra, so daß er sich dem hiesigen Rat sicherlich als kompetenter Baumeister für den Rathausbau empfehlen konnte. Der Stadtrat „handelte" aber wegen des Auftrages inzwischen mit einem „Auswärtigen", dem Suhler Zimmermeister Sebastian Gerbig, der die Rathäuser in Suhl und Römhild errichtet hatte. Kneußel, der sich um die Früchte aller seiner „Mühe" betrogen sehen mußte, wandte sich deswegen hilfesuchend um Unterstützung an den Herzog in Römhild. Dieser entschied jedoch wegen der entstehenden „Unordnung" und weil ein solcher Bau für die Stadt „so wichtig und kostbar" sei, daß sein Oberbaumeister Christian Richter (1655-1722), der die Risse zum neuen Rathaus gefertigt hatte, diesen Bau auch „dirigieren" solle. Richter hat als anerkannter Baumeister an den fürstlichen Residenzen in Römhild, Meiningen, Coburg, Saalfeld, Hildburghausen, Arnstadt und Weimar gewirkt und durch seine Bauten die barocke Schloßbaukunst Thüringens entscheidend mit beeinflußt. Doch die Ratsherren zeigten sich wegen der allein dafür zu erwartenden Kosten „widerspenstig" und trotz der 1706 von Richter zum Rathausbau eingeholten Planung nicht geneigt, dem Wunsche des Herzogs in Römhild zu entsprechen und Richter auch Inspektion und Leitung des Baugeschehens zu übertragen. Es bedurfte erst scharfer Worte aus Römhild, bis nun in aller Form im Februar 1707 „der Herr Oberbaumeister" vertraglich mit der Bauleitung betraut wurde. - Vom 25. August bis 7. September 1707 wurde die Fachwerkkonstruktion aufgestellt, und im Mai 1708 war der Rohbau soweit fertiggestellt, daß der Knopf des Rathausturmes aufgesteckt werden konnte. Bis 1711 zog sich der Innenausbau hin, wozu Richter selbst bereits am 5. Oktober 1707 schriftliche Anweisungen gegeben hatte. Diese betrafen u. a. Dachdeckung und Verschieferung, die Anordnung der Ausfachung des Fachwerks mit Ziegelsteinen statt mit Lehmwellern, die symmetrische Anordnung der Schornsteine auf dem Dach, die Ausbildung der Fußböden, die Art der Verglasung der Fenster und die des Baues der Türen, die Tüncher- und Stuckarbeit und die Herstellung der Treppengeländers aus gedrehten Docken usw. - Am 30. April 1711 erfolgte in einer großen Feier für die ganze Stadt der Einzug des Rates in die neue Amtsstube und damit die Einweihung des Rathauses. - Inwieweit Kneußels Vorplanung und seine Vorarbeiten Richters Entwurf in der Ausführung schließlich beeinflußt hatten, muß dahingestellt bleiben. Der überlieferte Plan Richters wurde in der vorliegenden Form nämlich nicht verwirklicht. - Über konkrete Bauten Kneußels liegen derzeit keine Erkenntnisse vor. Auch wenn dieser letztendlich mit der Ausführung des Rathausbaues nicht betraut wurde, ist aber doch mit Sicherheit davon auszugehen, daß er als ortsansässiger fähiger Handwerksmeister beim barocken Wiederaufbau der Stadt nach den Zerstörungen des 30jährigen Krieges keine unwesentliche Rolle gespielt haben kann.

Der Marktplatz selbst war bis Anfang der sechziger Jahre mit einem weißen großformatigen Kalksteinpflaster belegt, das die Kontur des Platzgrundrisses als Musterung zeigte und sich auch in breiten konzentrischen Bahnen um den mitten auf dem Platz 1894 aufgestellten Laufbrunnen zog. Die komplette Erneuerung der Pflasterung erfolgte 1963. Als Pflastermaterial stand damals jedoch lediglich der eigentlich hier nicht bodenständige Granit zur Verfügung. Die Konservierung der Steinoberflächen des pfeilerartigen Brunnens mit seinen vier hochangesetzten Wasserbecken und die Wiederherstellung der im Laufe der Jahre verlorengegangenen Funktionstüchtigkeit der Wasserversorgung erfolgten 1994, 100 Jahre nach seiner Aufstellung.

Vom schon genannten durchgängigen Fachwerkcharakter der Bürgerhäuser zeugen am Marktplatz heute nur noch die beiden Fassaden Markt Nr. 6 und Nr. 7 sowie die unweit in der Rosengasse gelegenen zweistöckigen Hintergebäude des Eckhauses Nr. 5. Die Erhaltung dieser Hintergebäude ist deshalb dringend geboten, weil sie zum einen den Hof zu dem stattlichen Eckhaus umgeben und zum anderen bemerkenswert viel von ihrer alten Anlage und Konstruktion, nicht zuletzt die hofseitigen Laubengänge, bewahrt haben, die sicher einst ganz charakteristisch für die schon obenbeschriebenen Haus- und Hofanlagen der Stadt gewesen sind. Hinzuweisen ist hier noch auf die Verwendung von z.T. paarig angeordneten gebogenen Andreaskreuzen als Gefacheauszier im Brüstungsbereich, ein Aufwand, der für die Lage der eigentlich untergeordneten Hintergebäude in einer schmalen Seitengasse heutzutage bemerkenswert erscheinen muß. Trotz schlichter scheinender weil „nur" konstruktiver Ausführung, aber nicht minder dekorativ, wirken heute noch die Fassaden der beim Verlassen des Marktes linker Hand in der Traubengasse gelegenen und z. T. mit überbauter Torfahrt versehenen Hinter- bzw. Wirtschaftsgebäude des ehemaligen alten Gasthofes „Zum schwarzen Bären" (Markt Nr. 4) an der nordwestlichen Marktecke.

Sehr geschlossen wirkt bis heute die südliche Bebauung der Mangersgasse, die ausgehend von der Rathausflucht in zwei- und dreistöckiger Bebauung zum früheren Hirtengrund führt, wo nach 1900 die Stadtmauer neben dem Hexenturm durch Abbruch einen Durchgang zu den der Mauer hier vorgelagerten Werrawiesen erhielt (Mauerloch). Leider sind auch hier alle Gebäude, deren

Grundstücksparzellen sich bis zur Werra erstrecken, später verputzt. Lediglich Haus Nr. 13 zeigt derzeit nach dem wenig glücklich scheinenden Sanierungsversuch einen Rest der alten Fassade im zweiten Obergeschoß in ausgewogensten Fachwerkformen, die die einst prächtige Erscheinung des wie die übrigen in den Stockwerken traufseitig jeweils vorgekragten Hauses und die seiner Nachbargebäude ahnen lassen. An dem sehr eigenwillig gestalteten Eckbalken findet sich als Datierungshinweis unten eingeschnitzt „HH Anno 1688". Das letzte Haus in der geschlossenen Häuserzeile, Nr. 23, Eckhaus an der Einmündung zum früheren Hirtengrund, zeigt ebenfalls noch Reste, die eine unter dem Putz verborgene reiche Fachwerkfassade ahnen lassen. Vom Putz ausgespart blieb im unteren Stockwerk der als Taustab reich beschnitzte Eckstiel sichtbar. Ebenso unverputzt und damit sichtbar blieb hier auch die Balkeninschrift „Anno IOHANN PETER IOCH 1732" über der ehemaligen Torfahrt, die sich wie an den meisten Gebäuden hier in der rechten Gebäudehälfte findet. Bedeutendere Reste solcher barocken Torfahrten sind hier noch erhalten, wie die Häuser Nr. 7, Nr. 17 oder Nr. 19 zeigen. Das erstgenannte besitzt über dem Tor sogar noch ein liegendes ovales Oberlicht, das die dahintergelegene Torfahrt auch bei geschlossenen Torflügeln erhellt.

Verlassen wir den Markt über den „Ausgang" in der südöstlichen Platzecke stoßen wir auf den Schuhmarkt. Der „Ausgang" der Hauptstraße von Meiningen, die, wie oben beschrieben, den Markt berührt, weiter zur Oberstadt und nach Hildburghausen, ist zugleich „Zugang" zum Schuhmarkt, der keine so klare und regelmäßige Platzgestalt aufweist, wie der eigentliche Marktplatz. Hier zweigt die Straße zum ehemaligen Brückentor bzw. nach Römhild ab. Das Brückentor lag in der Stadtmauer, die auch heute den Flußlauf hier direkt begleitet. Die Toröffnung in der früher sehr hoch aufragenden Mauer war flankiert von zwei Gebäuden, die südlich die Bebauung des Schuhmarktes abschlossen und in neuerer Zeit, 1961, ebenfalls beseitigt wurden. Direkt vor dem Tor bzw. der Stadtmauer überspannte eine alte Steinbrücke in zwei Bögen den Fluß. An einem Seitenpfeiler, sicher dem stadtseitigen Widerlager des Brückengewölbes war die Jahreszahl „1574" eingemeißelt, was zumindest einen Anhaltspunkt für das beträchtliche Alter des Bauwerks gibt. Aufgrund der hohen Wölbung der Brücke hatten schwere Fuhrwerke beim Verlassen des bedeutend tiefergelegenen Schuhmarktes in Richtung Römhild oft Schwierigkeiten, die Brücke zu überwinden. Außerdem verursachte Schwemmgut am Brückenpfeiler im Oberlauf häufig Stauungen, so daß 1881 die alte Brücke abgebrochen und durch eine freitragende Stahlkonstruktion ersetzt wurde. Diese „Eiserne Brücke" wurde in den ersten Tagen des April 1945 in blindem Wahn gesprengt. 1961/63 wurde eine neue Brücke erbaut, die als Stahlbetonbau den Flußlauf an gleicher Stelle stützenfrei überspannt und deren Fahrbahn weitaus breiter ist, als die der beiden Vorgängerbauten.

Durch das Heranreichen des „Schuhmarktes" bis unmittelbar an den Marktplatz kommt es übrigens auch dazu, daß zwei Eckgebäude sowohl jeweils eine Fassade zum „Markt" als auch zum „Schuhmarkt" besitzen. Eines dieser Eckgebäude wurde aufgrund der verkehrstechnischen Engstelle später soweit verändert, daß zwar der Fahrzeugverkehr durch den geringen alten Gebäudeabstand hindurchgeführt wird, aber durch das diagonale Einrücken der fraglichen Hausecke im Erdgeschoß den Fußgängern der nötige Platz zum Passieren dieser Engstelle geschaffen wurde, ohne daß das Gebäude hätte weichen müssen, wie kurz vor 1851 z. B. die alten Stadttore.

Die den Schuhmarkt eigentlich ausmachenden weiten Straßenzüge sind, ähnlich dem Marktplatz, mit zwei- und dreistöckigen Häusern in geschlossenen Zeilen bebaut. Das hier augenfälligste Gebäude ist das ehemalige Amtshaus. Seine L-förmige Grundrißgestalt bewirkt, daß es mit zwei langen Fassaden im Platzraum steht, der sich an dieser Stelle, durch das Gebäude vermittelt, zum Markt hin weitet. Die beiden zueinander rechtwinkligen Gebäudeflügel erheben sich in zwei imposanten Stockwerken aus Sichtfachwerk und sind jeweils mit hohen Satteldächern bedeckt. Die Dachflächen sind nach dem Schuhmarkt hin in einem Grat zusammengeführt. Die Dachfläche des Ostflügels, der die Richtung zur Werra bzw. nach Römhild weist, trägt flache Schleppgaupen. Das Dach des Nordflügels ist durch ein großes Zwerchhaus unterbrochen, das als drittes Stockwerk etwa ein Drittel der Fassadenbreite der unteren Stockwerke besitzt und dessen Giebel immerhin so steil ausgeführt ist, daß dessen Firstlinie die Höhe der des Hauptdaches erreicht. Dieses Zwerchhaus ist jedoch, wie bei näherer Betrachtung des Holzwerks im Vergleich zu dem der unteren Stockwerke leicht zu erkennen, durchweg jüngeren Ursprungs. Überliefert ist, daß im Zuge eines gründlichen Umbaues des gesamten Gebäudes um 1875 durch den hiesigen Zimmerermeister Christian Aßmus unter anderem an der nördlichen Gebäudeseite eine „Mansardenwohnung errichtet" wurde. Ob dabei das heutige Zwerchhaus völlig neu oder lediglich als Ersatz für einen gleichartigen Vorgängerbau entstand, ist derzeit nicht bekannt. Bei diesem Umbau erhielten die Fassadenhölzer auch einen zu den hellen Putzflächen kontrastierenden braunen Farbanstrich, womit die Schönheit des Fachwerks wieder zur Geltung gebracht wurde, denn Holz- und Putzflächen waren bis dahin von dicken Tüncheschichten überzogen, die das reiche Fachwerk unkenntlich gemacht und damit entstellt hatten.

Das Gebäude gilt als ein Hauptwerk hennebergisch-fränkischer Fachwerkbaukunst und wurde im Zeitraum der Stadterneuerung nach dem 30jährigen Krieg 1665 errichtet. Das durch spätere Fensterdurchbrüche veränderte Bruchsteinmauerwerk im Erdgeschoß des Nordflügels, wo auch das Gewände des rundbogigen Portals eingemauert ist, gilt als Anhaltspunkt dafür, daß auch dieses Gebäude, vergleichbar dem Rathaus, Reste eines Vorgängerbaues an dieser Stelle fortführt. Noch vor 100 Jahren waren ältere Baureste in den Hintergebäuden des Amtshofes sowie Umwehrungsreste aus Mauern und Wassergräben weit besser erkennbar, so daß anzunehmen ist, daß die Anlage des Gebäudes an der Stelle einer wohl auch 1634 untergegangenen mittelalterlichen Eigenbefestigung erfolgte.

Während das etwas schlichter gehaltene untere Stockwerk den Reiz seiner Erscheinung der sehr dichten aber dennoch eher statisch-konstruktiv wirkenden Anordnung der Fachwerkhölzer verdankt - der Eckpfosten ist immerhin mit einer dorischen Säule, Blättern und Voluten beschnitzt - , ist das obere Stockwerk bestes Beispiel dafür, daß jetzt nicht mehr nur die im weitesten Sinne konstruktiv bedingte Ordnung der dunklen Hölzer auf den hell verputzen Gefachen zu einem harmonischen, d. h. ausgewogenen graphischen Bild der Wand gebraucht wird, sondern die Hölzer werden zur Ausführung von immer kleinteiligeren völlig konstruktionsunabhängigen Zierformen, d. h. unabhängig von konstruktivem Holzverband und statischem Wandgefüge angeordnet. Das Obergeschoß des Amtshauses zeigt diese Art der Fachwerk-Gestaltung besonders eindrucksvoll. Über der ohnehin durch reiche Schnitzerei von Taustäben, Zahnschnitt, profilierten Balkenköpfen und Profilbändern aufwendigen gezierten Balkenzone zwischen beiden Stockwerken ist die darauffolgende Brüstungszone des oberen Stockwerks als über beide Fassaden geführtes ornamentales Band ausgeführt, das oben von dem durchgehenden Fensterbrüstungsgesims begrenzt wird. Dieses Band ist durch kurze Stiele völlig gleichmäßig in quadratische Felder eingeteilt, in die auf der Spitze stehende Quadrate aus geschweift ausgesägten Hölzern eingefügt sind, deren Seiten wiederum durch weitere ornamental ausgesägte Hölzer verbunden sind. So entsteht in der Mitte jeweils ein achtzackiger Stern. Diesen umgeben vier Herzen, zusammengesehen eine vierblättrige Blüte, deren Umfangung mit vier Dreiecken wieder zum Bild des quadratischen Einzelfeldes in der Brüstung führt. Einzige Unterbrechung dieses über alle Maße reichen Ornamentbandes bedeuten auf jeder Wandseite jeweils zwei in die Reihung eingefügte breitere Hölzer, in die große Rosetten eingeschnitzt sind, deren Blätter die beschriebene Herzform wieder aufgreifen. Das untere Ende des säulenartig reich beschnitzen Eckpfostens trägt die Datierung „ANNO DOMINI MDCLXV" (Im Jahre des Herren 1665). Über den ausführenden Zimmerermeister, der unzweifelhaft ein künstlerisch geübtes Auge und hohes handwerkliches und gestalterisches Geschick besaß, ist leider nichts bekannt. Bekannt ist aber, daß hier von 1770 bis 1803 der um die hennebergische Geschichtsschreibung außerordentlich verdiente Johann Adolf von Schultes (1744 - 1821) als Sachsen-Coburg-Gothaischer Amtmann gewirkt hat, worauf eine Gedenktafel neben dem Portal hinweist. - [Eine weitere Gedenktafel ist an dem unweit gelegenen heute eher unscheinbaren Haus Schuhmarkt 10 angebracht und weist auf die Wohnstätte von Heinrich Mylius (1813 - nach 1849) hin, der als geschickter Mechaniker ein Tretkurbel-Fahrrad konstruierte, in Themarar Mundart Gedichte schrieb und als Revolutionär von 1848/49 eine gewisse Berühmtheit erlangte. Er wanderte 1849 nach Amerika aus, wo sich seine Spur verliert.]

Die Gestaltung des Amtshauses wurde sicher bald Maßstab für die in der Folge entstehenden Bürgerhäuser. Doch so manche ansehnliche Fachwerkwand wurde später, besonders seit dem letzten Viertel des vorigen Jahrhunderts, als Fachwerk für eher rückständig und altmodisch galt, unter dicken Putzschichten verborgen, die zumindest äußerlich dem Haus am ehesten den Eindruck des Soliden und Modernen verleihen konnten, wie man dachte. Heute aber noch sichtbar und eine Zierde für die Stadt sind das jenseits der Werra direkt am Flußufer um 1680 errichtete Fachwerkhaus Römhilder Straße Nr. 2 mit seiner besonders originellen traufseitigen Vorkragung des Obergeschosses zum Fluß oder das aus der gleichen Zeit stammende und halb versunken scheinende Wohnhaus am Ende der Ernst-Thälmann-Straße (Nr. 51) am oberen Tor. Weitere bis heute unverputzte Fachwerkhäuser finden wir am Kirchplatz, nachdem wir den Schuhmarkt in Richtung Obere Stadt, d.h. Ernst-Thälmann-Straße, verlassen. Die am Ausgang des Schuhmarktes beginnende nördliche Häuserzeile führt als weitge-

Amtshaus vor 1945, Repro: Großmann, Hildburghausen, Archiv: B. Knittel

hend geschlossene Bebauung von in der Regel zweigeschossigen Häusern bis kurz vor das Obere Tor. Ein querstehendes stattliches Gebäude, Ernst-Thälmann-Straße Nr. 2, riegelt förmlich den Schuhmarkt zur Oberstadt hin ab. Durch diese dominante Lage bzw. die Anordnung des Hauses ist auch hier der sonst großzügige Straßenraum zwischen seiner Giebelwand und den genannten nördlichen Häusern deutlich eingeengt, was ähnlich schon bei der südöstlichen Marktecke zu verzeichnen war.

Es gibt Anzeichen dafür, daß in diesem Bereich der Oberen Stadt, um die heutige Kirche herum, frühe Anfänge der Besiedlung des später stadtgewordenen Territoriums zu suchen sind, so daß bei künftigen Erdbewegungen hier intensivere archäologische Beobachtungen erfolgen sollten. Gegenüber der nördlichen Häuserzeile befand sich, etwa in der Flucht des heute einzigen hier noch vorhandenen Gebäudes, Ernst-Thälmann-Straße Nr. 6, eine parallel zur Kirche verlaufende und von dieser nur durch die schmale Kirchgasse getrennte kurze, geschlossene Häuserzeile von etwa vier bis fünf Gebäuden, die sich, nicht zuletzt aufgrund der winzigen Grundstücksgrößen, über ihren massiven Erdgeschossen bis zu drei Stockwerke in die Höhe entwickelten. Diese Häuserzeile stand mit einer Seite auf der die Kirche ursprünglich vollständig umziehenden Ringmauer, die ihrerseits bereits wesentlich älter als der heutige Kirchenbau selbst war, wie wir weiter sehen werden. Die Vorgängerbauten dieser Häuser, sicher auch ihre hohen Erdgeschosse aus Bruchsteinmauerwerk, zählten ganz offensichtlich noch zu der Bebauung im Kirchhof, wie es ein Schriftstück aus dem Jahre 1502 für ein Gebäude angibt, das damals dem Vikar samt kleinem Krautgärtchen als „Behausung im Kirchhof" übergeben wurde. Noch ist die Erinnerung wach, das eines dieser Gebäude (Ernst-Thälmann-Straße 6), - sicher in direkter Nachfolge oder Nachbarschaft des alten Vicarshauses -, das frühere Diakonat mit Wohn- und Amtsräumen der eigentliche Sitz des Stadtpfarrers war.

Ganz geringe Reste dieser wehrhaften Ummauerung des Kirchhofes, die damit nach gegenwärtigem Kenntnisstand die älteste Bausubstanz der Stadt überhaupt darstellt, sind heute noch im Bereich östlich des Kirchturmes sichtbar, wo sich ein kleiner Abschnitt dieser historisch überaus bedeutsamen Mauer erhalten hat. Sie dient auch hier als Unterbau, allerdings der rückwärtigen Seite, eines winzigen, einst wohlproportionierten aber wegen fehlender Nutzung leider zerfallenden alten Wohnhäuschens (Kirchplatz Nr. 7) wohl aus der Mitte des 18. Jahrhunderts, das später mehrfach verändert wurde. Diese ringförmige Mauer hat also bereits lange vor der Stadtmauer existiert und gehörte als Wehrmauer des Kirchhofes zu einer kirchenburgähnlichen Anlage, die in der Geschichte der Stadt eine Rolle spielte und die man sich im wesentlichen wohl als festes mauerumwehrtes Haus, als Kemenate mit Bergfried vorzustellen hat, wie solche derart im Werratal in vielen bäuerlichen Siedlungen mit alten Adelssitzen vorhanden waren und die dort später mit landesherrlicher Einwilligung oft zu wehrhaften bzw. umwehrten Kirchen der Dorfgemeinden umgestaltet wurden. Auch in Themar war der Kirchhof als Fluchtpunkt der Einwohner stark umwehrt und die Mauer mit Gaden bestanden und wird als solcher noch 1356, also schon 100 Jahre bevor der Mauerbau um die Stadt überhaupt erst beginnen konnte, ausdrücklich genannt.

Vor dem jetzigen Kirchenbau existierte hier also bereits ein sicherlich weit weniger stattliches Kirchengebäude, eine vom Kloster Veßra aus gottesdienstlich besorgte Kapelle mit einem Bartholomäusaltar, zu dem die Stadt 1484 noch einen Marienaltar stiftete. Es wird vermutet, daß die Sakristei des heutigen Kirchenbaues noch Reste dieser alten Kapelle weiterführt, wobei jene möglicherweise bereits in Nachfolge einer früheren romanischen Burgkapelle stand. Über die Gestalt des Vorgängerbaues der heutigen Stadtkirche ist aber sonst nichts bekannt.

Stadtpfarrkirche St. Bartholomäus, Repro: Großmann, Hildburghausen, Archiv: B. Knittel

Wie in vielen Städten begann auch die hiesige Bürgerschaft in der zweiten Hälfte des 15. Jahrhunderts einen für die kleinstädtischen Verhältnisse imposanten Bau der Stadtpfarrkirche St. Bartholomäus. Dem schmaleren langgestreckten Chorbau mit östlichem polygonalen Schluß ist westlich ein breiteres langrechteckiges Schiff vorgebaut. Der weithin das Stadt- und Landschaftsbild prägende Kirchturm erhebt sich über annähernd quadratischem Grundriß in sechs durch Gesimse markierten Geschossen im Winkel zwischen Chor und Kirchenschiff an der südlichen Gebäudeseite. Chor und Schiff öffnen sich im Innern zueinander durch einen stark gestelzten Spitzbogen, der den Gesamteindruck, das optische Streben in die Höhe, noch verstärkt.

Der „erste Stein", der Grundstein zum Kirchenneubau, wurde am 3. Mai 1488, einem Sonnabend, durch den hiesigen Pfarrer, Bruder Antonius König aus dem Kloster Veßra gelegt, wie die über dem westlichen Portal eingemauerte Inschrifttafel bezeugt. Zunächst und in spätgotischer Formensprache ausgeführt wurde der außen von Strebepfeilern umstandene Chor, der in drei Jochen zwischen netzförmig gespannten Rippen relativ flach eingewölbt ist. Die Gewölbekappen sind mit Blüten zart als Himmelswiese bemalt. Die Weihe des Chores erfolgte am Bartholomäustag (24. August) 1498 durch den Würzburger Weihbischof Georg. Die Baulichkeiten des Chores müssen demnach zehn Jahre nach der Grundsteinlegung im wesentlichen schon fertiggestellt und benutzbar gewesen sein.

Bis spätestens zur ersten Hälfte des 16. Jahrhunderts folgte der Bau des Kirchenschiffes, dessen zweistöckigen hölzernen Emporeneinbauten (nach 1541), die zugleich die Last der ebenfalls mit floralen Motiven von Blatt- und Blütenranken reich bemalten hölzernen Brettertonne unter dem hohen Satteldach tragen, stilistisch der Renaissance angehören. Das in Dimension und Konstruktion reiche Holzwerk, heute in barocker Fassung des 17. Jahrhunderts, die bei der Restaurierung des Kirchenschiffes ab 1971 wiederhergestellt wurde, zeigt in einem ausgeprägten System des Tragens und Lastens - das optisch durch die spätere barocke Marmorierung fast untergeht - neben kräftigen Profilierungen auch geschnitzte figürliche Reliefs und bärtige Männerköpfe, allesamt naturalistisch bemalt. Bemerkenswert ist auch die südlich neben dem Chorbogen angeordnete reich dekorierte Kanzel mit Schalldeckel, die als frühbarockes Werk dem 17. Jahrhundert angehört. 1606 sammelte man unter der Bürgerschaft Geld, damit die schon vorhandene steinerne Kanzel „ein wenig besser, dann zuvor, in Bau gebracht möcht werden". Bis zum „Oster Abend" (4. April) 1607 wurde die Kanzel nunmehr „geziret und geschmückt", d. h. von einheimischen Handwerkern, deren Namen überliefert sind, die hölzernen Dekorationsteile angefertigt und befestigt. Die „etlichen schönen Figuren" am Kanzelkorb und auf dem Schalldeckel wurden von Meister Paul Armknecht, einem hiesigen Bürger „geschnitten" und „bis auf den Grund" gemalt. Interessant ist, daß das Geld zur Finanzierung der genannten Auszier der Kanzel hauptsächlich von Webern, Tuchmachern, Rot- und Weißgerbern gegeben wurde, was bei diesen auf einen gewissen Wohlstand hindeutet, dem die Kirche wohl schon früher kostbare Inventarstücke verdanken dürfte.

Der imposante Turmbau wurde unter Einbeziehung älterer Teile, wahrscheinlich des alten 1392 urkundlich genannten „Bergfrieds im Kirchhof", ab 1560 begonnen. Dieses Datum findet sich in Stein gehauen an der östlichen Seite des Turmerdgeschosses über einem Fenster. Das „1567" datierte Henneberger Wappen, auf dem sich Georg Ernst als (letzter) Graf und Herr zu Henneberg nennt, ist hoch über den Köpfen im vierten Geschoß der östlichen Turmseite und somit für den Betrachter in seinen Einzelheiten kaum wahrnehmbar eingemauert. Über dem sechsten Geschoß erhebt sich der verschieferte, etwas gedrungen erscheinende achtseitige Spitzhelm als Turmdach, das als siebtes Turmgeschoß hinter massiven Spitzbogengiebeln, die die Zifferblätter der Turmuhr tragen, zur Türmerwohnung ausgebaut ist.

Die Kirche bewahrt bis heute Spuren ihrer künstlerischen Ausstattung aus katholischer Zeit. Außer Fragmenten spätgotischer Wandmalereien zählt dazu auch eine hochgotische Mondsichelmadonna aus dem 15. Jahrhundert, und besonders beachtenswert sind die vier spätgotischen Altarwerke fränkischer Herkunft der Zeit um 1500. Sehr eindrucksvoll ist der Marienaltar, der im Chor aufgestellt ist. Das wie ein flacher Kasten gearbeitete Mittelstück, der Mittelschrein, in dem unter Astwerkbaldachinen Gottesmutter Maria flankiert von Bartholomäus und dem Erzengel Michael als geschnitzte und polychrom gefaßte Einzelfiguren auf einem Stufenpodest stehen, kann durch zwei seitliche Klappflügel geschlossen werden. Die beiden Flügel präsentieren im geöffneten Zustand vier bekannte Szenen aus dem Marienleben. Die jeweils übereinander angeordneten geschnitzten Reliefs stellen auf dem linken Altarflügel oben die Verkündigung dar, chronologisch folgend rechts oben die Geburt Jesu, dann links unten die Anbetung der Könige und rechts unten schließlich den Tod Marias. Im geschlossenen Zustand zeigen sich vier weibliche Heilige. Es sind die vier „Hauptjungfrauen", in der christlichen Ikonographie die Begleiterinnen Marias, der „Jungfrau unter Jungfrauen", die ja nun selbst aber nicht zu sehen ist, durch die vier Heiligen aber gleichsam angekündigt wird. An ihren typischen Attributen erkennen wir ganz links Margaretha (mit Kreuzstab und Drachen), Katharina (mit Schwert und Rad), rechter Hand dann Barbara (mit Palmzweig und Kelch mit Hostie) und Dorothea (mit Rosenkranz im Haar und Blumenkorb reichendem Jesusknaben). Die fast lebensgroßen Figuren sind auf die Außenseiten der Altarflügel gemalt.

Sehenswert ist auch der figurenreiche Apostelaltar, dessen beiden rückwärtig bemalten Flügel im geschlossenen Zustand den „Apostelabschied" als zusammenhängende Darstellung zeigen. - Von der spätgotischen Ausstattungsfülle des Gotteshauses blieben weiter auch bedeutendere Fragmente zweier kleinerer Flügelaltäre erhalten, deren derzeitige Figurenzusammenstellung sicher nicht mehr das jeweilige ursprüngliche ikonographische Programm darstellt. Eines zeigt im Mittelschrein eine fast vollplastisch gearbeitete Pietà, die ihren toten

St. Bartholomäus vom spätgotischen Flügelaltar der Stadtpfarrkirche, Foto: Großmann, Hildburghausen

Sohn in stillem Schmerz beklagende Maria. Der linke Flügel enthält als flacheres Relief eine Anna selbdritt. Im rechten Flügel steht der Evangelist Johannes, der sich stilistisch von den beiden Figurengruppen deutlich unterscheidet. Die Flügel trugen auf den Rückseiten heute weitgehend zerstörte Malereien mit den Heiligen Laurentius und Stephanus. Im Mittelgehäuse eines weiteren Altarschreines finden sich als geschnitzte Einzelfiguren Jacobus der Ältere mit Pilgerstab und der Pilgermuschel und Christophorus mit dem Jesusknaben auf der Schulter. Die bemalten Flügel zeigen im geöffneten Zustand links Katharina mit dem Schwert und rechts Margaretha mit dem Drachen. Auf den bei geschlossenem Altar sichtbaren Flügelrückseiten deuten die wenigen Reste szenischer Malereien auf die Darstellung der Oswald-Legende hin.

Die westlich und südlich der Kirche vorhandene Bebauung begrenzt den sogenannten Kirchplatz, der im Grunde genommen eigentlich nicht breiter ist, als der Weg, der vom obengenannten Haus Ernst-Thälmann-Straße 2 seinen Anfang nimmt. Das nach einer überdachten Torfahrt dem vorgenannten Haus folgende Gebäude das ehemalige Dekanat bzw. der Sitz des Superintendenten, das heutige Pfarrhaus. Sein Ergeschoß ist massiv und teilweise erneuert. Das Obergeschoß aus Fachwerk ist mit „HHM 1681" bezeichnet. Erst bei näherer Betrachtung fallen an den beiden Eckbalken Schnitzereien auf. Am linken Eckpfosten ist ein geschnitzter Taustab zu sehen. Die durch Kerben gebrochene Kante am rechten Eckstiel wird in der Art barocker Stukkaturen, wie etwa akanthusgerahmte Kartuschen, umspielt, was sich als Zierrat so gar nicht in die Geometrie eines Fachwerkes fügen will, sondern eigentlich in der Fläche wirkt. Wahrscheinlich sind diese letztgenannten Schnitzereien nur der bescheidene Rest einer üppigeren auf die Fassade gemalten Dekoration, deren Gestaltung eben auch die Eckhölzer mit einbezog. Die sichtbare Zier derselben als nur wenig erhabene, eher flache reliefartige Schnitzerei wäre nämlich kaum als solche wahrnehmbar, sondern wird vielmehr erst durch kräftige Farbkontraste zu optischer Wirkung geführt. - In den Brüstungsfeldern finden wir wieder zu Gruppen geordnete durchkreuzte Rauten, die offenbar in Bezug zu den Fensterachsen angeordnet sind und damit den einen oder anderen Raum des Hauses besonders zu betonen scheinen. Kein Zufall ist sicher auch die markante „Dekoration" der Fachwerkwand am linken, südlichen Gebäudeende, wo durch entsprechende Anordnung der Konstruktionshölzer zwischen den Fenstern drei lateinische Kreuze entstehen, die möglicherweise auf die Lage der ehemaligen Amtsstube hindeuten. - Durch die Traufstellung des Hauses kommt das hohen Satteldach mit der zum Wege gerichteten Dachfläche voll zur Geltung. Die zum Hof weisenden weiten Öffnungen eines ehemaligen Laubenganges im Obergeschoß wurden später aus Gründen der Zweckmäßigkeit teilweise verschalt.

Durch ein kleines Gärtchen vom Pfarrhof getrennt liegt ein weiteres Gebäude in der Flucht des Pfarrhauses. Die sogenannte Kantorei (Kirchplatz Nr. 3) reicht nun schon fast bis zur südlichen, hier hart am Werraufer gelegenen Stadtmauer. Das Erdgeschoß ist massiv gesockelt, so daß der Hauseingang immerhin sieben Stufen höher liegt, als das Straßenniveau, was zweifellos durch den Gewölbekeller bedingt ist, dessen Zugang links neben der zur Haustüre hinaufführenden Treppe durch eine schrägliegende Falltüre verschlossen wird. Die Obergeschosse sind auch hier wieder in Fachwerk ausgeführt. Die Hölzer im Fensterbereich sind z. T. in einfachen Formen erneuert worden und lassen seitdem die ehemals vorhandene Dekoration im Brüstungsbereich vermissen. Die vom Kirchplatz aus sichtbaren Fassaden sind im oberen Stock unverputzt gebliebenen und kommen trotz schlichterer Ausführung des Fachwerks schön zur Geltung.

Der am Gebäude angebrachten Gedenktafel ist zu entnehmen, daß in diesem Hause einst Georg Christoph Bach (1642-1697) wohnte. Der Onkel des erst später berühmt gewordenen Johann Sebastian Bach (1685-1750) wirkte über zwei Jahrzehnte lang, von 1667 bis 1688 als Kantor und Organist in der Stadt. Als Kantor hatte Bach in der Lateinschule und der Deutschen Schule Unterricht zu halten. Als Organist der Stadtkirche, zu der er ja auch nur wenige Schritte aus seinem Haus zu gehen hatte, kannte er die heutige Orgel allerdings noch nicht. Zu seiner Zeit befand sich das damalige Instument noch im östlichen Bereich des Kirchenraumes neben der Kanzel, wo das barocke Werk, der Überlieferung nach, 1629 von dem Meininger Orgelbauer Weise errichtet worden war. Zu Zeiten des Kantors Bach gab es dann aber auch in Themar einen jungen „Orgelmacher", Johann Schröder (1663-1698), der allerdings schon in der Blüte seiner Jahre, erst 35 Jahre alt, auf dem Gottesacker zur letzten Ruhe gebettet wurde, wie dies eine Gedenktafel in der Kirche bekundet. Es sei noch angemerkt, daß 1851 der Auftrag zum Bau eines neuen Orgelwerks an Stelle des alten an Johann Michael und Wilhelm Holland in Schmiedefeld erging. Da dabei auch das Gehäuse neu angefertigt wurde, blieb vom barocken Prospekt nichts erhalten. Lediglich vier Bälge und drei Pedalregister, die auch Bach schon benutzt haben mußte, wurden in den damaligen Neubau der Orgel übernommen. Doch bereits fünfzehn Jahre später, 1866, wurde die Orgel umgesetzt und erhielt damit ihren heutigen Platz auf der oberen westlichen Empore, die zu diesem Zwecke umgebaut und erweitert wurde.

Winklig zur Kantorei setzt sich die Bebauung entlang der Stadtmauer in östlicher Richtung durch ehemalige Schulgebäude fort, die eine lange Tradition des städtischen Schulwesens verkörpern. Ob das nächststehende Gebäude noch dasselbe ist, in dessen Erdgeschoß um 1850 Unterricht gehalten wurde und das Obergeschoß als Lehrerswohnung benutzt war, ist beim jetzigen verputzten Zustand des Gebäude diesem äußerlich nicht anzumerken. Für das damalige Schulhaus wird 1587 als Jahr seiner Errichtung angegeben, wobei die Geschichte des städtischen Schulwesens mit Latein- und Stadtschule selbst noch vor 1534 zurückreicht.

Ein älteres, sehr stattliches Schulgebäude, 1876 neben den alten Schulhäusern errichtet, findet sich unweit südlich der Kirche, etwa zwischen dem Kirchturm und der das Werraufer bildenden Stadtmauer. Das in dieser Umgebung überaus hohe, doch weitgehend schlichte Gebäude, dessen Putzfassaden nur von geringdimensionierten umlaufenden und die Stockwerkshöhen markierenden schrägen Gesimsen unterbrochen sind, ist mit regelmäßig verteilten großen stehenden Fenstern auf einem sehr sorgfältig gearbeiteten Sockel aus Sandsteinquadern zunächst nur zweistöckig errichtet worden und erhielt später, 1927, ein drittes Stockwerk, denn wie die Bevölkerung überall in Deutschland, war auch die Zahl der Einwohner in unserem Städtchen seit der zweiten Hälfte des 19. Jahrhunderts stark angewachsen, was nicht zuletzt zu einer bedeutenden Zunahme der Schülerzahlen führte. Bereits 1901 mußte dieser Entwicklung mit dem Neubau der Schule in der Georgstraße Rechnung getragen werden. Dieses spätere Volksschulgebäude ist als Kriegsverlust bereits oben genannt. - Nach Aufgabe der Nutzung als Schule erfolgten in jüngster Zeit Umbaumaßnahmen, um das Gebäude für Wohnungszwecke zu erschließen, wobei allerdings durch Verkleinerung der Fenster um über ein Drittel ihrer ursprünglichen Höhe das damit zu Stande kommende übergewichtige Verhältnis der geschlossenen Wandflächen an dem ohnehin in dieser sensiblen städtebaulichen Lage etwas monströs wirkenden Bau noch betont wird.

Ganz anders wirkt dagegen das wohl stattlichste Bürgerhaus der Stadt, das Eckhaus Ernst-Thälmann-Straße 10 zu den ehemaligen Fleischbänken, heute der östliche Kirchplatz in Richtung Brauhausgasse. Auf einem massiven Erdgeschoß, das durch Ladeneinbauten später stark verändert wurde, sitzen zwei leicht vorgekragte Stockwerke aus Fachwerk und ein sehr steiles, fast noch spätgotisch anmutendes Satteldach, daß zur Straße als Krüppelwalm ausgebildet ist. Die östliche, durch die anstoßende Bebauung kaum wahrzunehmende Traufseite ist bis zur Höhe des Dachansatzes als massive Bruchsteinwand aufgeführt, die sich im Innern des Gebäudes von Stockwerk zu Stockwerk verjüngt. Die neuerdings wieder sichtbaren Fachwerkformen verweisen auf eine Errichtung dieses interessanten Baues in die Jahrzehnte um 1600. Wie das sichtbare Fachwerkgefüge aber auch deutlich macht, haben Eingriffe den Originalbestand im Nachhinein teilweise verändert. So wurden beispielsweise, sicher bereits im 18. Jahrhundert und wohl auch später noch, die sich aus dem originalen Abbund der Hölzer ursprünglich ergebenden kleineren lukenartigen Öffnungen in der Giebelwand und an der westlichen, der Kirche zugewandten Traufseite in Größe und Proportion soweit verändert, daß sie nunmehr den hier original angelegten größeren Fenstern in der nordöstlichen Ecke des ersten Obergeschosses entsprachen, wo sicher einst eine repräsentative Stube untergebracht war. Für das Verputzen des Hauses waren später die Hölzer der Fassaden überbeilt worden, damit der Mörtel besser haften sollte. Mit den Beilhieben ging manches der alten Fachwerkzier und -konstruktion verloren, wie z.B. giebelseitig die angedeuteten Knaggen bzw. geschnitzten Konsolen unter den vorkragenden Stockwerken, oder blieb nur noch in Resten erhalten, wie der an einem mächtigen Fachwerkstiel sehr dominant angeordnete erhaben herausgearbeitete große (Wappen-)Schild in Renaissance-Form. Trotz aller Veränderungen ist das Gebäude ein wichtiges Zeugnis für den hohen Stand des Handwerks und die Gestaltung der Stadt vor deren Zerstörung im 30jährigen Krieg.

Außer diesem, den Themaranern auch als „Adlersches Haus" bekannten Bau, ist offenbar in der näheren Umgebung noch weitere Bausubstanz des frühen 17. Jahrhunderts zu finden, die der Zerstörung 1634 entgangen war. So konnte vor Jahren beobachtet werden, daß bei der massiven Erneuerung der Außenwände des Gebäudes Ernst-Thälmann-Straße 9, vom Adlerschen Haus nicht sehr weit entfernt, die gleichen Zierformen einer alten Fachwerkfassade an dem doch in der Häuserzeile seiner Gestalt nach eher unauffälligen Gebäude zu Tage traten, wie z.B. die geschweiften und an den Innenseiten genasten Andreaskreuze oder kräftig profilierte Balken, was für eine zeitliche Einordnung des betreffenden Gebäudes wichtige Anhaltspunkte liefert.

Nicht unbeachtet sollte bei einem Rundgang durch die Stadt eine weitere historische Stätte bleiben, das am Eingang zur Brauhausgasse vom Kirchplatz aus gelegene ehemalige Badehaus (Brauhausgasse Nr. 2). Noch Ende des 19. Jahrhunderts fühlte sich ein Zeitgenosse angesichts der damals hier im Erdgeschoß vorhandenen „überrestlichen Kesselanlage" an frühere Zeiten erinnert und stellte auch die Mutmaßung an, daß durch die unweit des Hauses befindliche Bresche in der Stadtmauer das Wasser zum Baden einst „bequem" aus der Werra hatte beigeholt werden können. Hinweise zu der Wasserversorgung des Badehauses, wie zu dessen kulturhistorisch interessanten Geschichte überhaupt ergeben sich aus archivalischen Belegen. Zur praktischen Regelung widerstrebender Meinungen und offenbar auch Handlungen, verschiedenste Angelegenheiten betreffend und deshalb sowohl von Abt Paul des Klosters Veßra einerseits als auch von Bürgermeister und Rat der Stadt andererseits beim Landesherren gegenseitig geführter Klagen, wurde nach Schlichtung durch Graf Wilhelm von Henneberg zwischen dem Kloster und der Stadt 1528 ein Vertrag geschlossen. Darin mußte sich die Stadt u. a. verpflichten, ohne Wiederspruch und sonstiges Hindernis auch künftig zuzulassen, daß der Bader, „wie von alters herkommen", das Wasser aus der Werra zu einem Graben leitete, um es auf diese Art zum „Bad machen" gebrauchen zu können.

Ehemalige „Backstube", Foto: Großmann, Hildburghausen

Die „Badstube” gehörte nämlich ursprünglich dem Kloster Veßra und wurde 1457 an Kilian Habarn, damaligen Bader, und dessen Frau Femel verkauft. Das „Recht” an der Badstube, andere gegen Entgeld baden zu dürfen und der darin letztlich begründete „Nutzen”, die aus dem Baden erzielten Einnahmen, waren jedoch mit dem Erwerb des Gebäudes nicht etwa stillschweigend auf den neuen Eigentümer übergegangen. Dafür, daß der Käufer auch in die „Gewalt” über die Badstube gesetzt wurde, d. h. die Befugnis zu deren einschlägigem Gebrauch erlangte, verlangte das Kloster jährliche Erbzinsen in Form von Geld, Naturalien und Leistungen und verpflichtete sich aber seinerseits zu kostenloser reichlicher Ausstattung mit Brenn- und Bauholz zum Betrieb und zur Unterhaltung der Badstube. Der Bader und sein Knecht mußten fortan die Veßraer Klosterherren hier umsonst baden und jeden Sonnabend und an hohen Festtagen hinauf nach Veßra gehen, die Herren zu „scheren” und zu waschen. Außerdem konnte er jederzeit nach Veßra gerufen werden, wo er dann einmal in der Woche einen weiteren Tag lang die dortige Badstube im Kloster zu besorgen hatte, einschließlich Scheren und der sonst üblichen Dienste. - Offenbar wurde von den späteren Badern, jeweilige Lehensmänner des Klosters, die Entlohnung für ihre Dienste an den Themarer Bürgern sehr willkürlich oder über die Maßen hoch gefordert, so daß es zu „Irrungen”, d. h. Streitigkeiten bezüglich des Badelohnes und sonstigen Beschwerden zwischen dem Bader und der Bürgerschaft kam. Letzlich sah sich der Abt als Lehnsherr 1539 zum Eingreifen in der Art veranlaßt, daß er die Streitigkeiten mit einem Vergleich beschloß, der zum einen den Badelohn differenziert festlegte und zum anderen den damaligen Bader Wilhelm Bauninger und seine jeweiligen Nachfolger verpflichtete, die Bäder vor allem auch ordentlich und gewissenhaft durchzuführen, wozu er zwei Badeknechte und -mägde zu halten und gut zu beaufsichtigen habe, die von dem Badelohn zu „besolden und verlohnen” seien. Die Badstube und das darauf ruhende Lehen blieben zunächst auch weiterhin im Besitz der damals erwähnten Familie. 1595 hatte dann die Stadt Badestube „sambt dem Badt-Recht” mit der zugehörigen nicht unbeträchtlichen Brennholz- und ebenfalls ansehnlichen Bauholzgerechtigkeit von Bader Wolfgang Bauninger (Ü 1599) „käuflich an sich gebracht”, worüber die Gemeinschaftliche Hennebergische Regierung in Meiningen dem Stadtrat in Themar 1608 einen förmlichen Lehensbrief zustellte. Den fälligen Erbzins hatte nun die Stadt jährlich beim Amt einzuliefern. Die Absicht des Rates, nach dem Erwerb der Badegerechtigkeit unverzüglich eine neue Badestube im Kirchhof zu errichten, wurde durch den damaligen Pfarrer allerdings zu nichte gemacht, so daß die Nachricht, der zu Folge 1596 „die neue Badstube samt dem Haus” aufgerichtet wurde, sich auf das Badehaus in heutiger Lage beziehen dürfte. - Wann der Badebetrieb aber schließlich einging, ist nicht bekannt. Hinweise darauf, daß keine Bäder in der alten Badstube angerichtet wurden und somit der Betrieb bereits ruhte, ergeben sich für die Mitte des 18. Jahrhunderts, wenn berichtet wird, daß das der Stadt als Besitzerin der Badestube von der Landesherrschaft unentgeltlich zustehende Brennholz für andere Zwecke verwandt wird, unter anderem zum Beheizen der Schule und als Deputat für den Dekan. Seit 1776 wurde auch die Wohnung im Badehaus vom Stadtrat an „Privatpersonen" überlassen. - Die Umfassungswände des Gebäudes bestehen aus Bruchsteinmauerwerk. Die Rückwand ist Bestandteil der Stadtmauer, deren Fuß hier vom Wasser der Werra umspült wird (z. Zt. Materialablagerung einer Baustraße). Die Gebäudeecken sind gequadert. Die im Verhältnis zur Gebäudehöhe von zwei Geschossen nicht unbeträchtliche Tiefe verleiht dem Baukörper eine gewisse Behäbigkeit und Geducktheit. Das Dach, das mit einer Traufseite auf der Stadtmauer ruht, ist auf halber Giebelhöhe abgewalmt und unterstreicht diesen gefälligen Eindruck. Die der Gasse zugewandte Hausseite, in der sich die Haustür befindet und die östliche Giebelwand sind später verputzt worden. In der im alten Zustand und unverputzt erhaltenen Giebelwand wie auch in der rückwärtigen Gebäudeseite (Stadtmauer) sind rechteckige Öffnungen für Luken und Fenster mit Gewänden eingefaßt, die teilweise durch Kehlung leicht profiliert sind und als solche damit noch dem 16. Jahrhundert angehören können. Die Öffnungen sind zum Teil mit Mauerwerk verschlossen. Linker Hand, also unmittelbar östlich, stehen massive Wände, deren (Eck-)Quaderung im Anschlußbereich zum heutigen Wohnhaus ganz geringfügig vorspringt. Diese Bruchsteinwände, heute noch hohe Umfassungsmauer einer kleinen quadratischen „Hoffläche" des Wohnhauses, trugen früher selbst einen Dachstuhl und sind also die Umfassungswände eines Gebäudes. Die schon lange vermauerten Gewändeteile in der Stadtmauer, der einstigen rückwärtigen Gebäudeseite, lassen Rückschlüsse auf die Anlage einer großen, von einer Mittelrippe unterteilten Fensteröffnung zu, deren Anordnung in dem zu denkenden Gebäude auf einen einzigen großen Raum, wahrscheinlich auf die später eingegangene eigentliche Badestube, hindeutet.

Noch im 19. Jahrhundert spielte das auf jedem Haus ruhende Braurecht eine Rolle, d.h., daß jeder Hausbesitzer das Recht des Bierbrauens für den eigenen Bedarf besaß. Zu diesem Zweck unterhielt der Rat ein städtisches Brauhaus, das schon 1506 bestand. Das später als städtisches Mietshaus mehrfach aufgestockte und veränderte massive Gebäude (Brauhausgasse Nr. 8) war im 19. Jahrhundert als Brauhaus eingerichtet. Der Bau war bereits vor der Stadtmauer vorhanden und wurde mit seiner Rückfront bei der Umwehrung der Stadt in die südliche Mauerflucht einbezogen. Lediglich die massiven Mauern des Erdgeschosses und ein hier über der heutigen Hauseingangstür hintermauertes und dadurch nur als Relief sichtbargebliebenes spätgotisches Maßwerkfeld einer alten Fensteröffnung weisen dem Kern des Gebäudes ein beträchtliches Alter zu. Die Funktion als Brau- und Malzhaus ist spätestens seit dem Ende des 19. Jahrhundert erloschen, als in der Stadt zwei große Brauereien entstanden. - Es ist auch durchaus möglich und wahrscheinlich, daß die Nutzung als städtisches Brauhaus nicht die ursprüngliche Zweckbestimmung des alten Gebäudes war, denn noch im vergangenen Jahrhundert, als noch weitaus mehr alte mündliche Überlieferungen im Bewußtsein lebendig waren, als heute, wurde dieses Gebäude auch oft als „altes Kloster" bezeichnet. Vielleicht hatte man das Brauhaus ja wirklich in ehemaligen Gebäuden eines alten Veßraer Klosterhofes eingerichtet bzw. wurden für das spätere Brauhaus die Baulichkeiten des ehemaligen Hospitals oder Siechhauses benutzt, das urkundlich als ein zweites Objekt neben dem Seelhaus vorhanden war. Interessant ist in diesem Zusammenhang noch der Hinweis auf ein zweites großes Brauhaus in der Stadt, von dem sich heute allerdings keine Reste mehr erhalten haben. Es stand quer am Ende der Braugasse und diente zuletzt als städtisches Lager für Baumaterial u. dgl. Das alte Gebäude mußte weichen, als man um 1900 die damalige Braugasse durch das sumpfige Wiesengelände hinter dem Brauhaus verlängerte und mit dieser neuen Straße, der heutigen „Schulstraße" und der dieselbe kreuzenden „Herzog-Georg-Straße" die „Bräuwiesen" als Baugelände erschloß. Somit ist der westliche Teil der Schulstraße mit deren Einmündung von der Bahnhofstraße als ehemalige Braugasse ebenfalls Bestandteil des alten Straßennetzes der Stadt.

Etwas weiter, die Stadtmauer an der heutigen Brauhausgasse in östlicher Richtung entlang, liegt das ehemalige Seelhaus. Diese alte Bezeichnung lebt im Straßennamen der Seelhausgasse fort, die ausgehend von der Oberstadt (Ernst-Thälmann-Straße) in südliche Richtung direkt auf die querliegende Front des zweistöckigen Gebäudes zuführt, das sich rückwärtig, zur Werra hin, an die Stadtmauer lehnt. Anlaß zur Einrichtung des Hospitals gab 1523 die Stiftung des Obermaßfelder Pfarrers Johann Möller. Zum Bau des Seelhauses wurde eine Hofraite mit der Seilerschen Behausung „bei der Badestube an der Werrapforte" von der Stadt angekauft (Diese urkundliche Angabe könnte sich der Lage nach also auch durchaus auf das sog. Brauhaus beziehen, so daß es sich bei dem jetzt so genannten Gebäude um das „neue" Seelhaus handeln dürfte.) An einer Epidemie, der „Seuche und Pest" starben 1589 vier Personen im „Seel- und Armenhaus". 1597 ist das „neue Seelhaus aufgerichtet" worden. Ende des 18. Jahrhunderts hatten hier sieben betagte „Weibspersonen" ihre Wohnung. Hier wurden aber nicht nur alte, arme und arbeitsunfähige Leute untergebracht und versorgt sondern im 19. Jahrhundert diente das Gebäude auch als städtisches Krankenhaus, wozu es sicherlich entsprechende bauliche Veränderungen und Erweiterungen erfuhr, wenn es nicht sogar in großen Teilen von Grund auf neu errichtet wurde. Das heute an dieser Stelle gelegene Gebäude (Brauhausgasse Nr. 10) ist seiner äußeren Erscheinung nach ein schlichter Bau aus Fachwerk über rechteckigem Grundriß mit Satteldach und dient schon lange als Wohnhaus. Zwischen erstem und zweitem Stock ist in der sonst verputzten Fassade ein flaches hölzernes Gesims angebracht. Einzig auffällig ist, daß die Fenster in Erd- und Obergeschoß im linken, längeren Gebäudeteil in scheinbar keinem axialen Bezug zueinander stehen, was ein gewisser Anhaltspunkt für später vorgenommene Veränderungen sein könnte. Ein kürzerer Abschnitt des Hauses, rechter Hand, also westlich gelegen, weicht sowohl in Bezug auf die Größe der rechteckigen Fensteröffnungen, als auch geringfügig in der Traufhöhe vom vorgenannten Gebäudebereich ab, was ebenfalls Ursache in späteren Veränderungen des Gesamtbaues haben dürfte.

Der alte östliche Stadtzugang, das Obere Tor am Ende der Ernst-Thälmann-Straße, die als ursprünger Straßenzug sich von hier an heute als Hildburghäuser Straße fortsetzt, ist noch immer durch zwei kräftige Torpfeiler aus Sandsteinquadern markiert. Der Abstand der beiden Pfeiler voneinander bestimmt auch in heutiger Zeit die Breite des Straßendurchgangs in der Stadtmauer, auch wenn der sich südlich ehemals fortsetzende Mauerzug, bis auf den Torpfeiler selbst, abgebrochen und heute von Gebäuden in Überbauung der Mauerflucht unterbrochen ist. So steht dieser Pfeiler des Oberen Tores völlig separat aber sehr nahe vor der Fassade eines Hauses, das an Stelle der Mauer später hier errichtet wurde. Die beiden Pfeiler selbst sind aus großen, unterschiedlich starken Sandsteinblöcken aufgeschichtet, deren vom Steinmetz sehr sorgfältig vertieft ausgearbeiteten und somit von den überstehenden Quaderrändern ständig beschatteten Fugenbereiche die Pfeiler im derart optisch betonten regelmäßigen Steinschnitt über einem Sockel gliedern. Die Abdeckung der Torpfeiler besteht jeweils aus einer großen quadratischen Steinplatte, deren weite gesimsartige Ausladung kräftig gekehlt und profiliert ist. - Es wird überliefert, daß zu einer „Reparatur" dieser Pfeiler - man erkennt noch heute, daß das an den nördlichen Pfeiler herangeführte Mauerstück neu aufgeführt ist und sich neben der Materialfarbe auch im Steinformat und Fugenbild optisch vom nördlich dem Turm zulaufenden alten Mauerwerk deutlich unterscheidet - die Steine der Grundmauern des Galgens auf dem Apfelberg herbeigeschafft wurden, auf dessen erster Anhöhe, unweit eines aus dem Tal hinauf- und an der damaligen Lehmgrube vorbeiführenden alten Hohlweges die Reste dieser Grundmauern des früher hier gestandenen Galgens noch um 1875 zu sehen waren. (Anfang der zwanziger Jahren fand man beim Bau des Kalkwerkes Dietz am Fuße des Galgentales, eines rechts der Straße nach Wachenbrunn gelegenen kleineren Taleinschnittes, „Schädel und Knochen" als Reste einer zweiten alten Galgenstätte bei Themar.)

Vor dem Oberen Tor liegt jenseits der Straße der teilweise mauerumfriedete städtische Friedhof. Es ist bekannt, daß der bereits oben mehrfach erwähnte Kirchhof um die spätere Pfarrkirche herum als alter Begräbnisplatz diente. Wie auch andernorts durchaus üblich wurde der Friedhof später vor die Tore der Stadt verlegt. Ob durch den Kirchenneubau seit dem letzten Viertel des 15. Jahrhunderts der verfügbare Begräbnisplatz innerhalb der Mauern auf dem auch sonst mit Gebäuden umstandenen Kirchhof zu sehr beschränkt wurde oder ob es vielleicht vorsorglich aus seuchenhygienischen Gründen geschah, wissen wir nicht und mag dahingestellt bleiben. Als Initiator für die Einrichtung des neuen Friedhofs wird 1597 in einem zeitgenössischen Lobgedicht der damalige Pfarrer Cyriak Merckel bezeichnet, „Der nahm sich des Wercks fleißig an / welcher es fleißig treiben thätt / Das der Gottes Acker erbauet stehtt".

Die Friedhofskirche, auch als Johannes-Kapelle bezeichnet, ist ERBAVET 1588 und REPARIRET 1788, wie die Inschrift am oberen Gewände der in der Westwand gelegenen Eingangstür mitteilt. Letzteres, das Jahr der Renovierung, war sicherlich der Zeitpunkt größerer baulicher Veränderung, wie sie z. B. mit dem Einsetzen der großen ovalen Fenster vorgenommen wurden. Es gilt als sicher, daß die Kapelle jedoch bereits älteren Ursprungs ist, als am Türsturz nachträglich angegeben und urkundlich bereits im 15. Jahrhundert als „Oberkirche" erscheint. Die für die Erbauung genannte Jahreszahl ist deshalb so zu verstehen, daß die vorhandene ältere Kapelle Ende des 16. Jahrhunderts zur Friedhofskapelle umgebaut bzw. erweitert wurde, denn nicht nur die eigenwillige einhüftige Lage von Schiff und Chor in einer gemeinsamen südlichen Bauflucht sondern auch weitere Baudetails, besonders Fenster und Fensterreste weisen als

Innenaufnahme der Friedhofskirche, Foto: Großmann, Hildburghausen

Spuren auf eine ältere Bauzeit bzw. einen kleineren Vorgängerbau an dieser Stelle hin, der sich zu großen Teilen im Chorbau und der südlichen Wand des Kirchenschiffs erhalten haben dürfte. - Die Kapelle wurde zuletzt Anfang der achtziger Jahre instandgesetzt. - Im Innern umzieht eine sehr schlichte hölzerne Empore an drei Seiten das Schiff. Halbkreisförmig ausgebildet und über sehr niedrig angeordneten flachen, gesimsartigen Kämpfern ansetzend ist der einstige Chorbogen vermauert und tritt nur als flache Nische in Erscheinung. Die Bogenquaderung ist in steingrauer Tönung farblich von den weißen Wänden abgesetzt, wodurch die zueinander asymmetrische Lage von Chor- und Kappellenraum besonders augenfällig wird. Mit Blickrichtung zum Chor ist an der Wand unmittelbar links, also nördlich der ehemaligen Chorbogenöffnung eine wunderbare, wie eine Plastik frei in den Raum greifende kleine Kanzelanlage errichtet. Die Arbeit des unbekannten Steinmetzen ist höchst beachtenswert. Ohne - wie sonst meist üblich - eine Seite der Kanzeltreppe an die Wand zu lehnen, führt er die untermauerten Stufen als eine zum Raum völlig offene Wendelstiege schwungvoll um eine achteckig proportionierte kräftige Treppenspindel herum, die ihrerseits als Pfeiler zwei jeweils auskragende Platten wie ein Kapitell trägt, auf dem schließlich der hölzerne Kanzelkorb ruht, dessen frühere grau in grau ausgeführte Fassung sicher auch den Anschein solider, steinerner Ausführung beim Betrachter hervorrufen sollte. Dieser Kanzelbau ist ein kleines Meisterwerk der Innenarchitektur.- Noch vor etwa einhundert Jahren war als Ausstattung der Kapelle in der Ecke nördlich der Kanzel auf einer Konsole die bereits obenerwähnte Mondsichelmadonna angebracht. Die Figur wird heute in der Stadtkirche bewahrt. Aus der Stadtkirche hierhergekommen ist ein schönes, wohl spätgotisches Kreuz, das - seiner Größe nach - vielleicht als Triumphkreuz einst im Chorbogen der Pfarrkirche schwebte. Die stattliche Christusfigur ist an ein Astkreuz mit geschwungenen Querästen, an Stamm und Äste eines toten Baumes geheftet. Der abgestorbene Baum des Lebens ist ein altes Symbol ewiger Vergänglichkeit. - - -

Eine notwendige Nachbemerkung

Die vorstehenden Ausführungen sollen nicht nur dem meist eiligen Besucher als Gast unserer Stadt, sondern auch den Einwohnern Themars Anregung sein, den Spuren der Geschichte unseres Städtchens selbst zu folgen. Geht man wachen Auges durch die Straßen, gibt es hier noch so manches zu entdecken, das mit seiner eigenen kleinen Geschichte zum Bestandteil der Entwicklung des städtischen Gemeinwesens wurde. Das ist auch der wesentliche Unterschied, der unsere Stadt als einen lebenden, sich ständig verändernden Organismus nicht zu einem Museum erstarren läßt, wo das historische Objekt, gleich welcher Art, aus seinem historischen Umfeld herausgelöst, zu einem statischen Denkmal wird und damit einer zukünftigen Entwicklung ein für alle mal entzogen ist.

Die Arbeit erhebt auch nicht den Anspruch, eine lückenlose Darstellung aller Gebäude und Denkmäler zu liefern. Sie ist aber ein Versuch, eine ganze Zahl historischer Objekte älterer und jüngerer Zeit als Zeugen früherer Verhältnisse vorzustellen und in gewisser Weise selbst zum Sprechen zu bringen und damit auf manche historischen Beziehungen und Ereignisse zu deuten, die mit der jeweiligen Anlage eines Hauses, eines Straßenzuges oder sonstiger Gegebenheiten verknüpft sind und nur als historische Entwicklungsprodukte, als Resultate menschlichen Handelns zu begreifen sind.

Unsere Stadt lebt, sie verändert sich, langsam zwar und zunächst meist unmerklich, im Detail legt der Mensch Hand an. Deshalb sollen dafür der Blick geschärft und die Sinne angeregt werden, Verständnis aufzubringen, wenn es darum geht, das historische Erbe komplex zu bewahren, seien es nun große oder so manche kleine Zeugnisse der Kulturgeschichte, die hier auch angesprochen sind. An kommende Generationen können wir dann für den sensiblen Umgang mit dem Erbe unserer Stadt einen hohen Maßstab für Werte weiterreichen, die zu erkennen und zu bewahren heute uns selbst aufgetragen ist. --- Themar, im Januar 1996. S.B.

Die evangelische Stadtkirche St. Bartholomäus zu Themar - von Oberpfarrer Hartmut Wenzel

Die Stadtkirche in Themar ist dem heiligen Bartholomäus geweiht. Sie gehört zu den schönsten Kirchen des oberen Werratals und ist eines der wenigen Gebäude der kleinen Stadt an der Werra, das alle Stürme der Jahrhunderte überdauerte. An der gleichen Stelle der heutigen Stadtkirche befand sich die im romanischen Stil erbaute „Unterkirche". Von ihr sind noch Reste in der Sakristei und der beiden über ihr liegenden unteren Etagen des Kirchturms erhalten.

Nach Vermittlung der Gräfin Margaretha von Henneberg erteilte Papst Sixtus IV. am 14. Mai 1484 die Genehmigung zum Neubau der Kirche. Am 3. Mai 1488 legte der Chorherr des Prämonstratenserklosters Veßra und Pfarrer von Themar Antonius König den Grundstein zum Bau der heutigen Kirche.

1502 war die spätgotische Hallenkirche mit ihrem eindrucksvollen Chor vollendet. Die Stadtkirche hatte im Mittelalter Burgrecht. Von der Höhe des im Stil der Renaissance vollendeten Kirchturms tönt das teilweise aus vorreformatorischer Zeit stammende Geläut über die Stadt. Die älteste Glocke wurde 1488, eine andere 1507 gegossen.

Die Reformation wurde am 5. Oktober 1544 in Themar durch den Grafen Ernst von Henneberg eingeführt. Die Kirche selbst wurde seit 1541 im Laufe der nächsten Jahrzehnte immer wieder umgebaut. Seit 1541 wurden das Tonnengewölbe und die Doppelemporen eingebaut, deren tragende Balken mit einzigartigen Bartmannsköpfen versehen wurden. Außerdem wurden die Emporen an den Säulenteilen mit Reliefdarstellungen von Heiligen und Aposteln, z. T. von älteren gotischen Altarwerken stammend, verziert.

Im Chorraum befindet sich der wertvolle Marienaltar, der vom Bamberger Meister Hans Nußbaum um 1510 geschaffen wurde. Das Mittelfeld des Altars zeigt Maria mit dem Christuskind, zu ihren Seiten stehend den Erzengel Michael, der mit seiner Lanze den Drachen tötet, und den heiligen Bartholomäus, den Schutzpatron der Kirche und der alten Tuchmacher-, Gerber-, und Flößerstadt Themar. Auf den Seitenflügeln des Altars befinden sich Abbildungen der wichtigen Stationen des Lebens der Maria. Die Rückseiten der Seitenflügel enthalten Darstellungen von der heiligen Margarethe, der heiligen Katharina, der heiligen Barbara und der heiligen Dorothea. Neben seinem kunstgeschichtlichen Wert hat der Marienaltar auch große Bedeutung für die Stadtgeschichte. Er bewahrte die Stadtkirche im 30-jährigen Krieg vor der Einäscherung. Nach der Niederlage der Schweden 1634 in der Schlacht bei Nördlingen brandschatzte der „Befehlshaber aller Kroaten", der Reitergeneral Isolani, das Land der Thüringer Grafen und Herzöge. Am Gallustag 1634 (16. Oktober) ging Themar nach der Plünderung durch die Kroaten auf Befehl Isolanis in Flammen auf. Auch in die Stadtkirche wurde die Brandfackel getragen, aber ein frommer italienischer Offizier gab beim Anblick des Marienaltars den Befehl, den in der Kirche entstehenden Brand zu löschen.

So sind die Kirche und in ihr noch andere wertvolle Schnitzwerke und Kunstschätze erhalten geblieben. Dazu gehören u. a. der Apostelschrein oder „Nasenaltar" aus der Zeit vor 1500 an der Ostseite des Kirchenschiffes, zwei gotische Wallfahrtsschreine an der Nord- und Südseite des Kirchenschiffs, eine hochgotische Madonna, ein Epitaph aus der Zeit der Renaissance im Chorraum. Erwähnenswert ist auch eine erst 1934 freigelegte Freskenmalerei, die heilige Katharina darstellend.

Vor 1607 wurde die Kanzel eingebaut. Ihr Schalldeckel ist reich verziert. Auf seiner Spitze steht Christus als Weltenherrscher, an seinem Rand befinden sich die Figuren der alttestamentlichen Propheten. An den Seitenteilen des Kanzelkorbes sind die Figuren der vier Evangelisten und in der Mitte Christus zu sehen. Der Epistelstuhl (kleine Kanzel) stammt aus der Mitte des 17. Jahrhunderts, desgleichen einige Epitaphien.

Von 1668 bis 1688 wirkte Georg Christoph Bach, als Kantor und Organist an der Stadtkirche. (Siehe auch Seite 87)
Im Jahre 1851 erhielten die Orgelbauer Michael und Wilhelm Holland aus Schmiedefeld den Auftrag zum Bau einer neuen Orgel in der Stadtkirche.

Bei der Errichtung des Orgelwerkes an der Ostseite des Kirchenschiffes wurden von der 1629 erbauten Weise-Orgel drei Pedalregister und die vier noch vorhandenen Bälge übernommen.
Bereits 15 Jahre später wurde das Orgelwerk auf die erweiterte obere Westempore umgesetzt und dabei auch umgebaut, um eine größere Klangfülle zu erreichen.

1972 wurde das Innere der Stadtkirche unter Leitung von Restaurator Naumann renoviert. 1992 konnte der Kirchturm neu beschiefert und 1993 das gesamte Kirchendach neu gedeckt werden. Dabei wurde der alte Dachstuhl (über dem Chorraum aus der Zeit der Erbauung!) saniert und repariert. Die Kirche vermittelt nicht nur einen Eindruck von mittelalterlicher Kultur, sondern ist in der Erhabenheit ihres Baus und in der Bewahrung ihrer Kunstschätze Ausdruck christlicher Frömmigkeit durch die Jahrhunderte und auch heute Zentrum regen kirchlichen Lebens in der kleinen Stadt Themar.

Die Johanneskirche

- von Oberpfarrer Hartmut Wenzel

Neben der Stadtkirche St. Bartholomäus besitzt die Evang.-Luth. Kirchgemeinde Themar eine zweite Kirche, die Johanneskirche auf dem Friedhof. Sie ist aus der „Oberkirche" am Ortsausgang der Stadt in Richtung Hildburghausen hervorgegangen. Die „Oberkirche" wurde in einer Urkunde, laut der Fritz von Bibra dieser Kirche eine Messe stiftete, 1492 erwähnt.

1588 wurde diese Kirche zur Gottesackerkirche umgebaut und 1598 geweiht. Sie trägt den Namen „Johanneskirche", jedoch ursprünglich nicht in Anlehnung an einen biblischen Namensträger, sondern nach Johannes Hornschuch, der als erster auf dem bei der Kirche angelegten Friedhof bestattet wurde. Deshalb wurde die Kirche im Volksmund noch lange „Hornschuch-Kapelle" genannt. Reste der gotischen Fenster und des Mauerwerks der „Oberkirche" sind noch heute recht deutlich im Mauerwerk der Johanneskirche zu sehen. Die Kirche wurde 1980/81 von aktiven Gemeindemitgliedern der Stadt in mühevoller Kleinarbeit renoviert und ausgestaltet. Zu den wertvollsten Inventarstücken gehören der aus der Gotik stammende „Lindenholzkruzifixus", die Kanzel (Ende 16. Jahrhundert) und die Altarplatte aus dem 17. Jahrhundert. Die Kirche wird heute nicht nur für Trauerfeiern, sondern auch für Gottesdienste und kleinere Kon-

Johanneskirche (Gottesackerkirche), Foto: Reif

Zur Geologie in der Umgebung von Themar

- von Volker Morgenroth

Das Gebiet um die Stadt Themar ist durch interessante geologische Objekte auf engstem Raum sowohl für den Fachmann als auch für den Laien nicht erst in jüngster Zeit von besonderem Interesse. Unterschiedliche, heute meist als Geologische Naturdenkmale geschützte Objekte, sind das Ziel geologischer Exkursionen von Studenten, Vereinen, Gesellschaften und Einzelpersonen.

Im Rahmen der Festschrift zur 1200 Jahrfeier der ersten urkundlichen Erwähnung des Ortes ist es mir eine besondere Ehre, einige Erläuterungen zur Geologie unserer Heimat geben zu können.

Das Gebiet um Themar ist Bestandteil des Thüringisch-Fränkischen Triaslandes, das sich aus Schichten des Buntsandsteins, des Muschelkalks und des Keupers sowie diluvialen und alluvialen Ablagerungen aufbaut.

An der Steinernen Kirche und am Feldstein bei Themar, am Dolmar bei Meiningen und bei Dingsleben haben Basalte tertiären Alters den Muschelkalk durchschlagen. In Südthüringen fallen die Schichten im allgemeinen nach SW ein. Das beherrschende tektonische Bauelement im Südthüringer Raum ist die Meiningen-Eiterfelder Mulde mit Ablagerungen des Muschelkalkes, der nach SW der Bibraer Sattel (Mittlerer Buntsandstein) und die Römhilder Mulde vorgelagert sind.

Typische tektonische Elemente sind die Störungszonen, an denen unterschiedlich alte Schichtenverbände an Bruchlinien aneinander stoßen. Sie durchziehen das Gebiet südwestlich des Thüringer Waldes in herzynischer[1)] Richtung. Es sind dies die Themar-Eisfelder Störungszone, das Störungssystem des Kleinen Thüringer Waldes und der Marisfelder Graben[2)].

Am auffallendsten im geologischen Kartenbild ist die Themar-Meininger Muschelkalkplatte. Diese Muschelkalkplatte wird von Werra, Jüchse, Hasel und Schwarza durchbrochen und in kleine Teilstücke zerlegt. Durch die Werra wurde an verschiedenen Stellen der Röt (Oberer Buntsandstein) freigelegt, und es sind einige gute geologische Aufschlüsse durch diese Erosion[3)] entstanden.

Die ältesten Gesteine in der Umgebung von Themar liegen im sogenannten Kleinen Thüringer Wald, der sich in herzynischer Richtung zwischen den Ortschaften Grub und Rappelsdorf erstreckt. Der Geologe J. L. Heim, der als einer der Ersten das südthüringische Gebiet beschrieben hat, prägte diese Bezeichnung, da die Gesteine dieses Gebietes den Gesteinen im Thüringer Wald, der doch etliche Kilometer weiter nordöstlich liegt, sehr ähneln. Der Kleine Thüringer Wald stellt einen sogenannten Aufbruch älterer Gesteine inmitten von jüngeren Gesteinen, wie sie vorher beschrieben wurden, dar.

Im Gegensatz zum Thüringer Wald, der eine bewaldete Hochlage bildet, ist der Kleine Thüringer Wald eine überwiegend wenig bewaldete Senke. Die älteren Gesteine des Kleinen Thüringer Waldes sind Hornfelse und Amphibolithe, die durch den Kontakt zu dem an mehreren Stellen anstehenden Granit aus Ablagerungen des Kambriums und Ordoviciums entstanden sind. Die Hornfelse sind z. B. im Schlangengrund an der Straße Lengfeld-Ahlstädt, unmittelbar vor der Ortschaft Ahlstädt, zu finden.

Granite zweier Typen finden sich bei Bischofrod und Gethles. Sie sind im Karbon entstanden und nachfolgend von porphyrischen Gängen und Vulkaniten des Rotliegenden, wie sie heute noch in einem Steinbruch zwischen Neuhof und Ahlstädt bzw. Gethles zu sehen sind, durchsetzt worden.

Die beschriebenen Gesteine werden von Sedimentgesteinen des Rotliegenden und Zechsteins umrahmt. Neben Sandsteinen, Kalksteinen und Dolomiten kamen auch Tonsteine mit Gips- und Anhydritlinsen der Unteren Letten sind zahlreiche Erdfälle entstanden. Einer der eindrucksvollsten ist am Nordost-Hang der Rappelsdorfer Kuppe zu sehen. Schichten des Buntsandsteins sind hier in den ausgelaugten Hohlraum hineingebrochen. Der bekannteste Erdfall ist jedoch die sogenannte „Totenlache", ein wassergefüllter Einbruch bei Rappelsdorf, den schon der Märchen- und Sagensammler Ludwig Bechstein in einer Sage der Nixe von der Totenlache beschreibt.

Der Kleine Thüringer Wald wäre unvollständig behandelt, wenn man den Bergbau auf Flußspat, Schwerspat, Spateisenstein (Siderit) und Brauneisenerz (Limonit) vergessen würde. Limonit wurde im 17. und 18. Jahrhundert abgebaut. Flußspat und Schwerspat sind in den Jahren 1930 - 1932 und in den 80-er Jahren erkundet worden. Beispielsweise lag am Steinberg die Zeche Herrenstein. In den nördlich gegenüberliegenden Hang wurde ein Stollen querschlägig zu einem Flußspatgang getrieben.

Die Gesteine des Unteren und Mittleren Buntsandsteins nehmen große Flächen im Raum nordöstlich von Themar ein. Die markanteste Erhebung in diesen Schichten ist der Schneeberg bei Grub.

Der obere Buntsandstein oder auch Röt ist, wie bereits erwähnt, im Werratal angeschnitten und auch im Bereich der Themar-Eisfelder Störungszonze zwi-

Steilgestellter Muschelkalk im Halsgraben der Osterburg, Foto: Morgenroth

schen Themar und Lengfeld in den Tongruben der ehemaligen Ziegelei aufgeschlossen.

Weit verbreitet ist der Muschelkalk. Der untere Muschelkalk stellt meist eine Steilstufe im Gelände dar, wie sie eindrucksvoll am Eingefallenen Berg bei Themar (Siehe Foto) und an der Stickel bei Henfstädt zu sehen ist. Deutlich ist die Grenze zwischen Röt und Unterem Muschelkalk. Während auf den Flächen des Röts meist Ackerbau betrieben wird, ist der Untere Muschelkalk überwiegend bewaldet. Diese Wälder mit ihrem kalkigen Untergrund sind aber auch die Heimat der Perlen unter den Pflanzen, unserer einheimischen Orchideen.

Der Mittlere Muschelkalk wird meist für den Ackerbau genutzt. Das Gelände ist flacher, und typische Verbreitungsgebiete liegen zwischen Leutersdorf und Wachenbrunn sowie an der Steinernen Kirche.

Der obere Muschelkalk beginnt an seiner Basis mit einer Steilstufe, dem sogenannten Trochitenkalk, der beispielsweise im Gärtles-Grund zwischen Themar und Marisfeld aufgeschlossen ist. Dann folgt eine Verflachung des Geländes mit den sogenannten Ceratitenschichten. Das sind plattige, kalkige Ablagerungen, die zahlreiche Versteinerungen, überwiegend in Form von Ammoniten (volkstümlich auch Ammonshörner), führen. Eine geradezu klassische Fundstelle für diese Fossilien ist das Plateau von St. Bernhard.

Keuper steht im Marisfelder Graben an. In der Umgebung von Marisfeld sind Schiefertone, Sandsteine und gelegentlich Dolomite anzutreffen. Ein schützenswerter Aufschluß liegt nordwestlich von Marisfeld. In einer kleinen Grube, die leider durch Unkenntnis weitestgehend verfüllt wurde, ist an der Straße Marisfeld-Dillstädt die Bleiglanzbank des Unteren Gipskeupers aufgeschlossen.

Einzigartig in unserer Landschaft wirken die beiden Basaltvorkommen der Steinernen Kirche und des Feldsteins mit ihren markanten Basaltsäulen und Olivinbomben. Sie entstanden im Tertiär. Die jüngsten geologischen Ablagerungen sind die diluvialen Schotterterrassen der Werra und die alluvialen Auesedimente des gleichen Flusses. Eine der verblüffendsten Schotterterassen ist die der von E. Kaiser verfolgten sogenannte Urnahe. Nach Kaisers Annahme sollte der ehemalige Flußlauf der Urnahe aus dem Schleusegrund über den Eingefallenen Berg - etwa über der Linie Dicke Eiche - Krämereiche - und dann über den Höhenrücken zwischen Wachenbrunner Straße und Steinerner Kirche verlaufen. Eine Suche auf dem Eingefallenen Berg war erfolglos - vermutlich wegen des starken Humusteppichs in dem dortigen Buchenwald -, aber zwischen Wachenbrunner Straße und Steinerner Kirche wurden in einer morphologischen Senke Schotter gefunden, die ihrer Herkunft nach auf den Thüringer Wald zeigen. Die Urnahe ist mit mehreren anderen Bächen von Nordosten nach Südwesten geflossen, ehe die Werra später die Nordwest-Südost-Richtung einnahm und die anders verlaufenden Bäche „angezapft" hat.

Nun sollen noch einige interessante geologische Aufschlüsse gesondert beschrieben werden. Das jetzige Naturschutzgebiet „Eingefallener Berg" ist wohl das größte und schönste Bergsturzgebiet in Südthüringen. Der letzte größere

Abrißwand des Eingefallenen Berges, Foto: Morgenroth

Bergsturz ereignete sich am 3. April 1595 um 7.00 Uhr (Anläßlich der 400. Wiederkehr dieses Ereignisses wurde ein Stein mit Erläuterungstafel am Fuße der Abrißwand aufgestellt). Im Zusammenhang mit den Bergstürzen am „Eingefallenen Berg" gibt es die interessante Sage „Der Untergang von Dörfles am Eingefallenen Berg".

Die unteren Teile des Unteren Muschelkalkes[4)] sind auf dem Rötsockel in Richtung zur Werra abgerutscht. Durch Auslaugung von Gips aus den Ablagerungen des Röts sind die Schichten heute zur Werra geneigt, d. h., nach Nordosten. Ansonsten liegt, wie schon gesagt, Südwest-Fallen der Schichten in Südthüringen vor. Durch den klüftigen Muschelkalk dringt Niederschlagswasser auf die unterlagernden Schichten des Röts. Die aufgeweichten tonigen Ablagerungen werden zu einer Gleitbahn und bereits Schichtneigungen von einem Grad reichen aus, um darüberliegende Schichtpakete zum Abrutschen zu bringen. Die Röt/Muschelkalkgrenze ist in dem schlecht zugänglichen „Eisloch" aufgeschlossen. Das Eisloch ist eine Spaltenhöhle, die durch einen nicht vollständig abgerutschten Muschelkalkblock entstand. Dieser Block lehnt an der Abrißwand.

Geologisch interessante Aufschlüsse sind im Mittleren und Oberen Wellenkalk durch Steinbrucharbeiten im ehemaligen Kalkwerk Themar entstanden. In den alten Steinbruchteilen sind beide Terebratelbänke und im neuen Steinbruch die drei Schaumkalkbänke aufgeschlossen.

Ebenfalls im Muschelkalk gibt es noch einige besondere Aufschlüsse, die durch das Störungssystem der Themar-Eisfelder Störungszone entstanden sind. Dazu gehören gefalteter Muschelkalk im Singertal und am Windberg sowie der steilgestellte Muschelkalk (teilweise auch leicht verfaltet) Im Halsgraben[5)] der Osterburg (Siehe Foto).

Der Basalt der Steinernen Kirche (früher hieß der Berg Ottilien-Berg), in einem ehemaligen Steinbruch gut aufgeschlossen, zeigt charakteristische Basaltsäulen und als Einschlüsse Olivinknollen, die eine ungewöhnliche Größe erreichen. Diese Olivinknollen oder Olivinbomben werden als Magmenmaterial des Oberen Erdmantels angesehen.

Der ehemalige Steinbruch hatte mit seinem Abbaufortschritt die Ruine der vor der Reformation bedeutenden Wallfahrtskapelle gefährdet und wurde eingestellt. Die Wallfahrtskapelle war der Hl. Ottilie - der Schutzheiligen der Augenleidenden - geweiht. Das Wasser für die Heilung soll aus dem noch erhaltenen Brunnen geschöpft worden sein. Es ist aber durchaus denkbar, daß dieser Brunnen zur ehemaligen Dorfstelle Steinhaugk gehörte.

Noch bekannter ist der Basaltauschluß des Feldsteins. Am Vorderen Feldstein ist der Kontakt zwischen Basalt und Muschelkalk zu sehen. Eindrucksvoll ist der Hintere Feldstein (Siehe Foto), ein HNO-streichender Basaltgang, der durch Steinbrucharbeiten aufgeschlossen worden ist.

Die Basaltgänge des Ermelsberges bei Dingsleben, der Steinernen Kirche sowie des Vorderen und des Hinteren Feldsteines bei Themar liegen in einer Linie und gehören möglicherweise zu einer gemeinsamen Spalte, an der das Basaltmagma aus der Tiefe aufgedrungen ist.

Am Hinteren Feldstein hat der Basaltgang Unteren und Mittleren Muschelkalk durchschlagen. Bei dem anstehenden grau- bis blauschwarzen Basalt handelt es sich um Feldspatbasalt mit Plagioklas, Augit, Manetit, Olivin, Apatit, Nephelin und einer Glasbasis. Besonders auffällig ist das Auftreten von teilweise sehr großen Olivinknollen. Der Basalt des Hinteren Feldsteines ist reich an Einschlüssen, so z. B. von Kalkstein und Granit. Aus Probematerial, das im Jahre 1971 entnommen wurde, konnten durch Herrn Dr. Meinel, Jena drei verschiedene Einschlußgesteine bestimmt werden: grobkörniges granitisches Material, feldspatreicher Gneis und ein Olivin-Orthooyroxen-Einschluß.

Der Basalt des Hinteren Feldsteins zeigt säulenförmige Absonderungen (fünf- und sechsseitige Säulen) und ist ein klassisches Beispiel für die Fieder- oder Meilerstellung der Säulen, die im oberflächennahen Schlotbereich auftritt[6)].

Hinterer Feldstein bei Themar, Basaltsäulen in Fiederstellung, Foto: Morgenroth

Die Basalte der Steinernen Kirche und des Feldsteins sind als Geologische Naturdenkmale geschützt. Als Landschaftsschutzgebiet wird von E. Kaiser auch die Landschaft am Nadelöhr bei Henfstädt ausgewiesen. Er schreibt:

„Die Landschaft der Werra am Nadelöhr bei Henfstädt:

Stickelleite als halbrunder Prallhang, Graslilien-Felssteppe, und lichter blumenreicher Eichen-Hainbuchenwald darüber, Felssporn mit natürlichem Nadelöhr und künstlichen Durchhauen für Straße, Eisenbahn und heutigen Flußlauf. Brutstätte wilder Enten, die beste Vertilger der Mückenbrut sind."

Weithin sichtbar ist die Stickelleite als ehemaliger Prallhang der Werra mit aufgeschlossener Terebratel-und Schaumkalkzone des Unteren Muschelkalkes. Ein Foto der Stickelleite und des Nadelöhres vom Hang der Osterburg wird durch die Bebauung mit Stall, Gewächshäusern und Starkstromleitung stark beeinträchtigt, deshalb wurde auf die Abbildung aus Kaiser 1955 zurückgegriffen (Abb. 1).

Ursprünglich floß die Werra rechts der Straße Henfstädt-Leutersdorf und wurde durch die Stickelleite in südliche Richtung gedrängt. Quer durch das Tal verlief der Flesriegel des Burgwalles, ein Muschelkalksporn, der sich nach N bis zum Talboden verflacht und der dem Wasser der Werra den geraden Ablauf nach NW verweigerte. Ein solcher Felsriegel wird als „Umlaufberg" bezeichnet. Später durchnagte die Werra den Felsriegel, floß nach NW und trat dann in den alten Flußlauf nach Süden ein.

Beim Bau der Werrabahn erwies sich der Bereich des natürlichen Durchbruches der Werra als am günstigsten für die Trassenführung. Man schuf der Werra weiter südlich ein neues Bett und nutzte den Bereich des natürlichen Durchbruches für die Bahntrasse. Ansonsten hätte man zwei Eisenbahnbrücken über die Werra bauen müssen (Die Entwicklung des Nadelöhrs ist in der Abb. 2 aus Kaiser 1955 dargestellt). Eigentlich ist das einzigartige Flußgebilde damals bereits „verschandelt" worden. Die Landstraße Henfstädt-Leutersdorf wurde über den flachen Teil im Norden des Burgwalls geführt und fand dann ihren Platz zwischen ehemaligem Flußlauf und Stickelleite, wobei bereits vor 1830 der Hang der Stickelleite nachgenommen wurde.

Der bedeutende Geologe Karl Ernst Adolf von Hoff aus Gotha beschrieb 1830 im Jahrbuch für Mineralogie unter dem Titel „Das Nadelöhr im Thale der Werra und Einiges über Thalbildung" das Gebiet an der Stickelleite vor dem Bau der Werra-Eisenbahn. Es gibt eine Zustandsbeschreibung, wobei er 2 bis 3 Klafter[7)] nördlich des natürlichen Durchbruches der Werra noch eine größere Kluft beschreibt, die nicht zum Talboden herabreicht und als Wegabkürzung zwischen Henfstädt und Leutersdorf diente. Sie bot nur einem Menschen den Durchgang und krümmte sich durch den Felsen. Dieses Gebilde, das von Hoff als Abriß in Richtung Werradurchbruch entstanden deutete, wurde Nadelöhr genannt und später hat der gesamte natürliche Werradurchbruch den Namen Nadelöhr erhalten.

Karl Ernst Adolf von Hoff hat in seiner Arbeit am Beispiel der Landschaft zwischen Stickelleite und Burgwall vor mehr als 160 Jahren die Kraft des Wassers in geologischen Zeiträumen erkannt. Er deutete die Entstehung des Nadelöhrs nach zahlreichen Erörterungen richtig.

Mit seinen Erkenntnissen bereicherte er den Aktualismus (d. h. vereinfacht: alle geologischen Vorgänge der Vergangenheit verliefen genau so, wie sie in der Gegenwart verlaufen), und er steht mit seinen Beiträgen zum Aktualismus zu Unrecht im Schatten eins Lyell, der als Vater des Aktualismus gilt[8)].

Dieser Beitrag zur Geologie in der Umgebung von Themar kann nur eine Auswahl sein und erhebt keinen Anspruch auf Vollständigkeit, da zum Ursprung von Quellen und zum ehemaligen Abbau von Gesteinen keine weiteren Ausführungen gemacht worden sind.

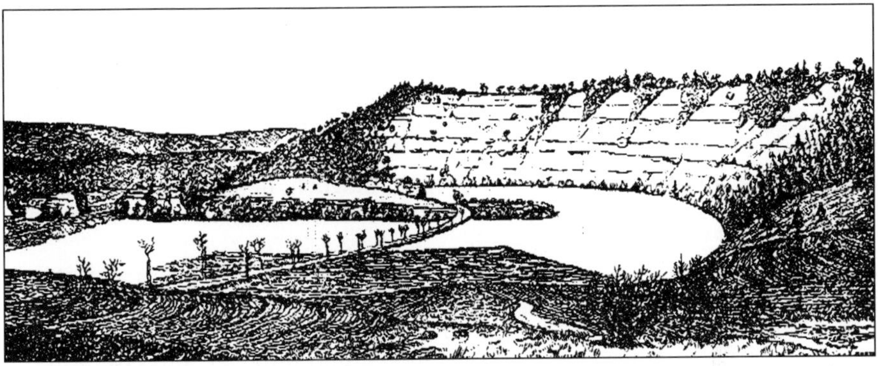

Abb. 1: Nadelöhr und Stickelleite bei Henfstädt
(aus E. KAISER 1955)

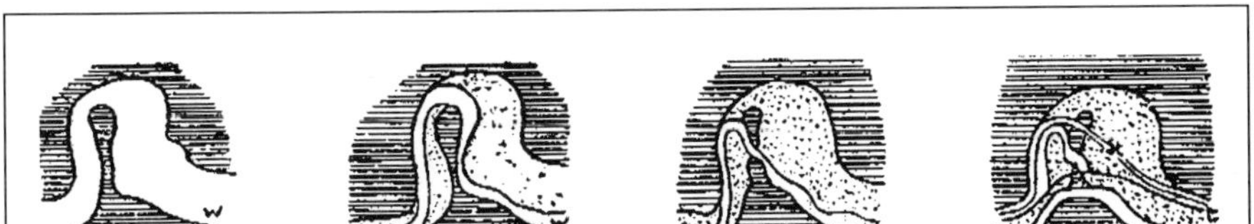

Erosionsphasen beim Nadelöhr bei Themar
1. Ausräumungsphase – 2. Anhäufungsphase – 3. Durchbruchphase – 4. Heutiger Zustand: künstlicher Durchbruch für Eisenbahn (E), Straße (St) und Werra (W). 1-3 nach Pröscholdt, 4 vom Verfasser

Abb. 2: Die Entstehung der Landschaft am Nadelöhr
(aus E. KAISER 1955)

Erläuterungen einiger verwendeter Begriffe

1) Herzynische Richtung, d . h. analog dem Verlauf des Harzes in NW-SO-Richtung.

2) Ein Graben im geologischen Sinne sind grabenartig eingesunkene Schichten, die an den beidseitigen Störungslinien an ältere Schichten grenzen.

3) Erosion bedeutet die Zerstörungsarbeit von Wasser, Eis und Wind an der Erdoberfläche.

4) Der Untere Muschelkalk wird auch als Wellenkalk bezeichnet.

5) Halsgraben oder Wallgraben.

6) Zur Erläuterung der Absonderung von Basaltsäulen ist zu bemerken, daß sich bei diesem vulkanischen Gestein die Säulen immer senkrecht zur Abkühlungsfläche bilden, d. h., bei einem Deckenerguß stehen die Säulen senkrecht und im Vulkanschlot oder in einem Basaltgang liegen die Säulen waagerecht.

7) Eine genaue Umrechnung war nicht möglich, denn das Klafter hatte in einzelnen Gebieten unterschiedliche Maße, in Bayern z. B. ist ein Klafter 1,75 oder 2,92 m.

8) Die letzte umfangreiche Erörterung soll dem Zweck dienen, der heutigen weiteren Entstellung dieses einmaligen Naturdenkmals in unserem Raum entgegenzuwirken. Eine Zuschüttung der Altwasserarme wird unseren Enkeln nur noch ein beschriebenes und kein zu besichtigendes Naturdenkmal hinterlassen. Schutzstatus und Behandlungsrichtlinien müssen umgehend geklärt werden.

Literaturverzeichnis

Ehrhardt, K.: Geologische Verhältnisse im Gebiet des Kleinen Thüringer Waldes
Geologie, 19, Heft 3, S. 330-339, Berlin 1970

Kaiser, E.: Südthüringen. Das obere Werra- und Itzgebiet und das Grabfeld
VEB Geographisch-Karthographische Anstalt
Gotha 1955

Morgenroth, V.: Der Muschelkalk Südthüringens. Ber. deutsch. Ges. geol. wiss. A. Geol. Paläntt.
17 Heft 6, S. 921 - 032. Berlin 1972

Pröscholdt, H.: Geol. Spezialkarte von Preußen und den Thüringischen Staaten. LVI. Lieferung,
Blatt Themar mit Erläuterungen, Berlin, 1892

Pröscholdt, H.: Geol. Spezialkarte von Preußen und den Thüringischen Staaten. LVI. Lieferung,
Blatt Dingsleben mit Erläuterungen, Berlin, 1892

Tornow, M.: Die Geologie des Kleinen Thüringer Waldes.
Jb. preuß. geol. Landesanstalt, 1907
28, S. 587 - 638, Berlin 1910

Die Fauna und Flora in und um Themar

- von Klaus Stang

„Willst Du Dich am Ganzen erquicken,
so mußt Du das Ganze im Kleinsten erblicken.
Willst Du in´s Unendliche schreiben,
geh´ nur im Endlichen nach allen Seiten.
J. W. v. Goethe

Dieser Ausspruch Goethes kann als Einleitung zur faunistisch-floristischen Betrachtung des Umfeldes unseres 1200-jährigen Themars stehen. Nur wenn ich meinen Heimatort kenne, ist es auch leichter ihn besser in das Ganze einzuordnen, besonders unter dem Gesichtspunkt des Natur- und Landschaftsschutzes, der ja gerade in der heutigen Zeit eine große Rolle spielt.

Es muß das Gebietstypische beachtet werden, um für den Tourismus Flächen und Landschaften zu erhalten, die es sich lohnt zu durchwandern und kennenzulernen. Dazu gibt es in und um Themar gute Voraussetzungen. Denn nur durch die Unterschutzstellung des Feldsteins, der Ehrenberger Kapelle, der Steinernen Kirche, der Osterburg, des Kalkflachmoores zwischen Kloster Veßra und Neuhof und natürlich der drei zusammenhängenden Bergteile Iltenberg - Eingefallener Berg - Gehegter Berg ist es gelungen, viele Naturschönheiten, Seltenheiten in Flora und Fauna, Besonderheiten besonderer Denkmale zu erhalten, zu erweitern und allen interessierter Menschen zugänglich zu machen.

Nur wenn man alle Menschen dafür interessiert, sie für diese Belange aufgeschlossen sind, ihre Natur, ihr Umfeld zu kennen, dann nur wird es auch möglich sein, die Natur mit ihren vielen Schönheiten zu erhalten. Flora und Fauna in Themar und Umgebung sind so interessant, daß es sich lohnt, hier Wanderungen, Spaziergänge und Exkursionen durchzuführen. Diese Mannigfaltigkeit hat natürlich ihren Ursprung in den geologisch-klimatischen Gegebenheiten. Der Schlüssel für die Gegenwart liegt zum Teil in der Vergangenheit.

Unser heutiger Lebensraum war wiederholt Schauplatz bedeutender geologischer und klimatischer Veränderungen. Dazu kommt natürlich noch der Einfluß des Menschen, der ja auch in erster Linie hilft, eine Landschaft mitzuprägen. So liegt unsere Stadt in einem typischen Sohlental. Erosion und Akkumulation der Werra lassen das erkennen.

Umgeben ist unser Ort von den Muschelkalkrestbergen, im Osten von der Ehrenberger Kapelle, im Nordosten vom Apfelberg, im Norden vom Feldstein mit Basaltkuppe und im Westen von der Steinernen Kirsche ebenfalls mit Basaltkuppe.

Von Osten bis Norden zieht sich der an Themar angrenzende „Kleine Thüringer Wald" mit dem Thüringer Wald im Hintergrund. Der markanteste, besonders von Flora und Vegetation besonders geprägte Berg, ist der südöstlich von Themar gelegene Muschelkalkbergzug mit den drei verschiedenen Einzelbergen - dem Iltenberg (512 m), dem Eingefallenen Berg (496 m) und dem Gehegten Berg (462 m). Durch die ONO-Hangrichtung erhält besonders der ca. 40 m hohe Eingefallene Berg in den Morgenstunden volle Lichteinstrahlung und erwärmt sich dadurch sehr stark.

Die Werra erzeugt eine erhöhte Luftfeuchtigkeit. Die Durchschnittstemperaturen im Januar schwanken zwischen -2°C bis -3°C und im Juli von 15°C bis 16°C. An insgesamt 140 Tagen im Jahr werden Temperaturen von ca. 10°C erreicht.

Der Vollfrühling, durch das Einsetzen der Apfelblüte eingeleitet, beginnt in der Muschelkalklandschaft zwischen dem 7. und 10. Mai, wobei allerdings mit großer Wahrscheinlichkeit (76 %) zwischen dem 6. und 20. Mai noch Fröste auftreten können, die auf den Einbruch arktischer Meeresluft oder gemäßigter Kaltluft nach Mitteleuropa zurückzuführen sind.

Strahlungsfröste treten gelegentlich auch noch im Juni auf (Schafskälte), so daß der Frost dann Kartoffeln und Bohnen im Tal schädigt. All diese klimatischen Faktoren und der Einfluß des Menschen bedingen über Jahrhunderte die Seltenheit der Flora und Fauna dieses Muschelkalkbergzuges.

Den größten Teil des Gebietes bedecken Rot-Buche (Fagus sylvatica), die hier mit anderen Arten den Eichen - Hainbuchen - Rotbuchen Wald bildet und eine Untergliederung in Abschnitte des Orchideen - Buchenwaldes zuläßt (Kammbereiche und Schotterlehne des Eingefallenen Berges).

1. An den nord-nordostexponierten Hängen des Iltenberges und des Gehegten Berges befindet sich hauptsächlich ein sehr artenarmer Bingelkraut-Buchenwald (Mercuridis perennis) mit einer kaum entwickelten Strauchschicht und eine oft nur ca. 10 % Deckung der Feldschicht.

2. Dagegen zeigen die Hang- und Plateaulagen an den nord- bis nordostexponierten Hängen des Eingefallenen Berges zwar wieder die Rot-Buche als beherrschenden Baum, aber schon vereinzelt treten hier

Berg- und Spitzahorn	(Acer pseudo-platanus, Acer platanoides)
Winter- und Sommerlinde	(Tilia cordata, T. platyphyllos)
Hainbuche	(Carpinus betulus)
Esche	(Fraxinus exelsior)
Berg-Ulme	(Ulmus glabra)

auf.

Der dichte Kronenabschluß der Rot-Buche läßt auch hier kaum eine Strauchschicht und nur eine geringe Feldschicht zu.

So entwickelt sich im Frühjahr, bevor der Laubaustrieb der Bäume ein höheres Lichtaufkommen im Waldbestand unterbindet, ein Blütenteppich aus

Buschwindröschen	(Anemone nemorosa)
Leberblümchen	(Hepatica nobilis)
Frühlingsplatterbse	(Lathyrus odoratum)
Waldmeister	(Galuim odoratum)
Goldnessel	(Galeobdolon luteum)
Bärlauch	(Allium ursinum).

Vereinzelt treten auch auf das

Gelbe Windröschen	(Anemone ranunculoides)

und der

	(Arum maculatum)

Im Sommeraspekt bestimmen dann die Feldschicht:

Bingelkraut, Waldmeister	
Wald-Labkraut	(Galium sylvaticum)
Maiglöckchen	(Convallaria majalis)
Ährige Teufelskralle	(Phyteuma spicatum)
Wald-Habichtskraut	(Hieracium murorum)
Christophskraut	(Actaea spicata)
Gelber Eisenhut	(Aconitum volparia) - vereinzelt
Quirl-Weißwurz	(Polygonatum verticillatum) - zerstreut
Veilchenarten	(Viola)
Bleiches Waldvöglein	(Cephalanthera damsonium)
Nestwurz	(Neottea nidus-avis)
Breitblättriger Sitter	(Epipactis helleborisse)
Türkenbund-Lilie	(Lillium martagon)

Außerdem besiedeln viele grasartige Pflanzen, wie z. B. Perlgras, Wald-Trespe, Wald-Knaulgras, Hainsimse und andere das Gebiet.

3. An den südwärts geneigten, besonders wärmegetönten Hängen und in den Plateaulagen des Eingefallenen Bergers tritt eine lichtere und artenreiche Waldgesellschaft auf. So befinden sich hier in der Baumschicht neben der Rot-Buche (deutlich weniger)

Sommer- und Winterlinde	
Berg- und Spitzahorn	
Hainbuche	
Stiel-Eiche	(Quercus robur)
Feld-Ahorn	(Acer compestre)
Mehlbeere	(Sorbus aria)
Elsbeere	(Sorbus torminalis)
Fichte	(Picea abies)
Kiefer	(Pinus sylvestris).

In der Strauchschicht gedeihen neben dem Jungwuchs der Bäume

Hartriegel	(Comus sauguinea)
Heckenkirsche	(Lonicera xylosteum)
Weißdorn	(Crataegus laevigota)
Seidelbast	(Daphne mezereum).

Auch die Feldschicht ist hier sehr artenreich, unter anderem

Windröschen	
Schlüsselblume	(Premula veris)
Leberblümchen	
Echte Sternmiere	(Stellaria holostea)
Waldmeister	
Wald-Erdbeere	(Fragaria vesca).

Weitere Vorkommen sind licht- und wärmeanspruchsvollere Arten, wie zum Beispiel:

Salomonsiegel	(Polygonatum odoratum)
Rotes Waldvöglein	(Cephalauthera rubra)
Breitbl. Laserkraut	(Laserpitium latifolium)
Schwalbenwurz	(Vincetoxicum cynanchum)
Hasenohr	(Bupleurum longifolium)
Berg-Segge	(Carex montana)

Auf den feinerdarmen, licht- und wärmbegünstigten Lagen der Schotterlehne unterhalb der Abrißwand (zwischen Diebeskrippe - ist die Senke zwischen Abrißwand und Trümmerhalde) und Schotterlehne (Hang Richtung Werra), entstand ein sogenannter Trocken- und Halbtrockenrasen mit sehr seltenen, zahlreich geschützten und gefährdeten Arten, obwohl dieser flächenmäßig sehr klein ist.

Besonders hervorzuheben sind hier die Arten

Blaugras	(Seslaria varia)
Ästige Graslilie	(Anthericum ramosum)
Gemeiner Thymian	(Thymus pulegioides)
Stengellose Krotzdiestel	(Cirsium acaule)
Frühlings-Fingerkraut	(Potentilla neumanniana)
Deutscher- und Franzenenzian	(Gerstianelle germanica, Gerstianelle ciliata)
Breitblättriges Laserkraut	(Laserpituim latifolium)
Braunroter Sitter	(Epipactis atrorubens)
Zypressen-Wolfsmilch	(Euphorbia cyparissias)
Bergaster	(Aster amellus)
Finger Segge	(Carex digitata)
Skabiose	(Skabiosa)
Kuhschelle	(Pulsatilla vulgaris)
Klaier Wiesenknopf	(Sangiusorba minor)
Händelwurz	(Gymnadenia conopsea)
Ackerwinde	(Convolvulus arvenis)
Ruprechtsfarn	(Gymnocarpium robertianum)

Anhand des aufgezeigten Artenreichtums zeigt sich schon die große Mannigfaltigkeit der vorherrschenden Vegetation.

Abgerundet zu erwähnen sind auch noch die an den genannten Standorten angrenzenden Sauerklee-Fichtenwald, Eschenwald und die Gebüsch- und Saumgesellschaften.

Hinzuweisen sei noch auf die im Jahre 1859 angepflanzte Winter-Linde aus Anlaß des Schiller-Gedenkjahres, daher auch die „Schiller-Linde" genannt. Sie steht am Beginn der für die Hochspannungsleitung waldfrei gehaltenen Schneise zwischen Iltenberg und Eingefallenen Berg. An diesem Muschelkalkberg halten sich natürlich auch entsprechende Tierarten auf, so unter anderem Hase, Eichhörnchen, Hasel-Spitzmaus, Singdrossel, Buchfink, Goldammer, Bussard und Milan.

Während Rot-, Reh- und Schwarzwild auch hier vorkommen, gibt es bei anderen Tierarten eine Untergliederung durch die dargestellte Vegetation. Felssteppe und Steppenheide sind Wärmeinseln im Waldland (Abrißwand- Schutt- und Geröllhalde). Wie sich die Pflanzenwelt durch trockenheitsliebende Gesellschaften dem Boden vortrefflich angepaßt hat, so können nur wärmeliebende Tiere - Trockenlufttiere - diesen Raum dauernd besiedeln. So z. B. Zauneidechsen, Spinnen, von den Schmetterlingen unter anderem Bläulinge, Bluttröpfchen, Kaisermantel und Schwalbenschwanz.

Feuchtlufttiere dagegen führen nur unter Steinen, zwischen groben Schutt, in humuserfüllten Gesteinsspalten ein verborgenes Leben; so ca. 16 Schneckenarten, wie z. B.

Hain-Bänderschnecke	(Cepaia nemoralis - viele Farbvarianten)
Glatte Schließmundschnecke	(Cochlodian laminata)
Gefleckte Diskusschnecke	(Discus rotundatus)
Vielfraßschnecke	(Zebrina detrita)
Weinbergschnecke	(Helix pomatia)
Eingerollte Zahnschnecke	(Helicondata obvoluta)
Berg-Vielfraßschnecke	(Ena montana)
Ungenabelte Maskenschnecke	(Isognomostoma isogn.)

Diese Gastropodenarten sind besonders abhängig vom Florenbestand (Bedeckungsgrad) in den einzelnen Biotopen, vom Einfluß des Lichtes und dem Kalkgehalt des Bodens.

Daher können manche Arten als Charakter-, Leit- und Differenzialarten auftreten. So ist es nicht verwunderlich, daß dadurch bei den Gastropdenarten viele Farbnuancen auftreten, die die Natur reicher und schöner machen.

Diesen Reichtum zu erhalten, zu mehren und zu schützen, ist Aufgabe aller Menschen. Achten wir also unsere Natur, gehen wir bewußt und aufmerksam durch Feld, Wald und Flur, so werden wir auch weiterhin hier Freude, Entspannung und Erholung finden.

(Literatur- und Quellenverzeichnis: Kaiser, Zündorf, Wagner).

Themarer Persönlichkeiten
von Erhard Flurschütz

Adam Wernher von Themar (1462 - 1537)
Humanist

„Aus dem Leben und Wirken des Humanisten Adam Wernher war in seiner Geburtsstadt Themar nur wenig bekannt und damit auch in Vergessenheit geraten. Wie lediglich festzustellen war, wurde er 1462 in Themar geboren. Adam Wernher besuchte dann die alte Klosterschule in Veßra, die einen guten Ruf besaß. Bedeutende Persönlichkeiten wie der Würzburger Bischof Lorenz von Bibra u. a. sind aus ihr hervorgegangen.

Über den weiteren Lebensweg von Adam Wernher waren im Archiv der Stadt Themar keine klärenden Hinweise aufzufinden.

Durch einen glücklichen Zufall gelangte das Stadtarchiv über Herrn Dr. Hemprich aus der Partnergemeinde Gerbrunn in den Besitz einer Veröffentlichung der Universität Heidelberg, in welcher von der Arbeit und aus dem Leben dieses damals sehr bekannten und geschätzten Humanisten, ein Sohn der Stadt Themar, berichtet wird.

Wir lesen darin:

„Nach seinem Weggang von Themar wird er seine erste Bildung in Erfurt erhalten haben. Später wurde er 1482 in Leipzig und 1484 in Heidelberg immatrikuliert. Im selben (oder folgenden) Jahr übernimmt er eine Stellung als Lehrer an der Lateinschule in Neustadt an der Haardt (Rheinpfalz), wo er vier Jahre lang fruchtbare Arbeit leistet. 1488 verabschiedet er sich von seinen geliebten Schülern. Kurfürst Philipp der Aufrichtige (1476 - 1508) holte ihn als Prinzenerzieher an seinen Hof nach Heidelberg für den damals zehnjährigen Pfalzgrafen Ludwig, dem späteren Kurfürst V. von der Pfalz (Reg. 1508-1544)."

Es ist interessant zu wissen, daß damals auch der junge Wilhelm IV. von Henneberg-Schleusingen (1478 - 1559) seit seinem 6. Lebensjahr am Pfälzischen Hof weilte.

Nach dem Wunsch seiner Mutter Margarethe wurde er dort gemeinsam mit den Söhnen des Kurfürsten Philipp erzogen und sich somit auch die erzieherische Tätigkeit von Adam Wernher zeitweise auf ihn erstreckte.

1490 wird Wilhelm IV. in einer Niederschrift als sein Schüler bezeichnet. Wie in einem neueren Artikel von K. Schneider, Suhl, vermerkt, „scheint Adam Wernher keinen geringeren Einfluß auf den Henneberger gewonnen zu haben." Aus dem Jahre 1489 stammt ein Urteil über Charaktereigenschaften und Veranlagungen des Grafen Wilhelm über „die bewundernswürdige Auffassungsgabe" sowie die „Gottesfurcht", „Leutseligkeit und ehrenhafte Gesinnung."

14 jährig verließ er dann Heidelberg, um in der Heimat von seiner Mutter für die künftige Regententätigkeit vorbeireitet zu werden. Auch den Sohn von Wilhelm IV. ,Christoph, unterrichtete er zwischen 1523 und 1525.

Adam Wernher entfaltete also eine rege Tätigkeit am kurfürstlichen Hof, an dem 14 Kinder aufwachsen, desgleichen an der philosophischen Fakultät der Universität. Das Verhältnis zu seinem Herrn scheint harmonisch und segenreich gewesen zu sein, dem in Adam Wernher von Themar „ein zweiter Aristoteles" zur Erziehung seiner Kinder geschenkt wurde. 1489 beginnt er als Magister mit Vorlesungen über römische Klassiker.

Georg Christoph Bach (1642 - 1697)
Kantor

Die Stadt Themar kann für sich in Anspruch nehmen, die Wirkungsstätte eines Teiles der weitverzweigten Thüringer Bachfamilie gewesen zu sein.

Die große Musikerfamilie Bach ist in ihrer Geschichte in den verschiedenen Generationen mit vielen Thüringer Städten verbunden. Ihre Glieder pflegten die Kunst in einer einzigartigen dastehenden Weise, hatten die Musikerstellen in Stadt und Land, die Leitung der Stadt- und Kirchenmusik jahrzehntelang inne. Sie erfreuten sich naturgemäß eines unvergänglichen Ansehens und prägten so die Thüringer Musiklandschaft.

Die Stadt Themar wurde auch die Wirkungsstätte eines Angehörigen der Bachfamilie, nämlich von Georg Christoph Bach.

Nur wenige in Themar wußten von ihm, sein Name war der weiteren Öffentlichkeit unbekannt. In der Musikergeschichte erlangte er eine regionale Bedeutung. Er hat schlicht und treu seine Berufspflichten erfüllt und dem Namen „Bach" Ehre eingelegt. Es ist deshalb richtig, daß man ihn, als den ältesten Onkel von Johann Sebastian Bach, also eines nahen Verwandten, entsprechend würdigt.

Georg Christoph Bach wurde am 6. September 1642 in Erfurt geboren. Er war „Schuldiener" (Hilfslehrer) und wohl auch Kantor in Heinrichs bei Suhl und kam 1668 als Kantor an die Stadtkirche St. Bartholomäus nach Themar und als Lehrer an die Scholae Themarensis (Lateinschule). In einer alten Schulchronik findet sich seine eigene Unterschrift: „Themar, d. 17. Juli 1671 Georg Christoph Bach, Cantor", ebenso später noch einmal am 13. November 1676 als „Georgio Christophero Bach, Cantor und Organist." Desgleichen ist in den Themarer Kirchenbüchern sein Name mit Berufsbezeichnung öfter zu finden. Von seinen 10, in Themar geborenen und getauften Kindern, sind 5 in Themar gestorben und auf dem hiesigen Friedhof beigesetzt worden.

1688 siedelte Georg Christoph Bach nach Schweinfurt über, wo er 1697 starb. Er gilt als der Stammvater der sogenannten „Schweinfurter Bache", die in Schweinfurt in mehreren Generationen nachweisbar sind.

Der Name Bach tritt nach 1688 in Themar nicht mehr auf, so daß also die Familie um diese Zeit nach dort übergesiedelt ist. Aus seinem musikalischen Schaffen ist unter anderem noch eine Kantate (Geburtstagskantate, Psalm 132, „Siehe wie fein und lieblich ist es, wenn Brüder einträchtig nebeneinander wohnen.") vorhanden, die anläßlich seines 350. Geburtstages in Themar wieder aufgeführt wurde.

So kann es die Stadt Themar mit Stolz erfüllen, als kleine Stadt in Südthüringen, in den Kreis der „Bachstädte" Thüringens mit eingeschlossen zu sein.

Johann Trier (1716 - 1790)
Meister der Orgel

Ein großer Verehrer der Werke von Johann Sebastian Bach war auch der aus Themar stammende Johann Trier. Er wurde am 2. September 1716 in Themar geboren und am 3. September des gleichen Jahres in der Kirche zu Themar getauft.

„Sein Vater war der Bürger und Schuhmacher Johann Mattäis Trier, der Name der Mutter ist im Kirchenbuch nicht angegeben. Die Namen der Paten sind dort festgehalten. Es waren die Bürger Johann Dietrich, Schuhmacher von Beruf, und Anna Dorothea Lindner, dieFrau von Günther Heinrich Lindner.

In der Schulchronik wird Johann Trier unter den Schülern der Scholae (1640 - 1879) Themarensis von 1722 - 1780 erwähnt."

Johann Trier studierte in Leipzig Theologie und Musik. Von 1736 - 1740 war er dort Schüler von Johann Sebastian Bach. Er entwickelte sich zu einem ausgezeichneten Orgelvirtuosen und -komponisten der Nach-Bachzeit. 1747 dirigierte er den Telemann´schen Musikverein in Leipzig. 1753 wurde er Organist in Zittau, wo er auch 1790 verstarb. Er war ein großer Meister der Orgel und schlug bei Ausscheiden selbst die Söhne von Johann Sebastian Bach im Spiel der Orgel. Johann Trier betätigte sich auch als Komponist. Von seinen Orgelkompositionen gibt es wertvolle Vorspiele zu den Chorälen:

„Es ist das Heil uns kommen her", „Eine Feste Burg in Thüringen." In der Festgabe zum Gedenkjahr 1950 wird im Abschnitt „Bach Schüler in Thüringen" auch Johann Trier angeführt:

„Trier, Johann: geb. 02.09.1716 Themar, gest. Zittau, 1736 stud. theol. Leipzig; 1746 I. Violinist und Cembalist im Großen Konzert, 1753 in Zittau als Stadtorganist (einer unserer größten Meister auf der Orgel)".

Johann Adolf Schultes (1744 - 1821)
Historiker der Hennebergischen Geschichte

In Themar trägt eine Straße den Namen „Schultesstraße", die an die bedeutende Persönlichkeit Johann Adolf Schultes erinnert. Er stand einstmals auf einem verantwortungsvollen Posten als Amtmann des Amtes Themar. Johann Adolf Schultes lebte 33 Jahre, von 1770 - 1803, in Themar. Er hat sich neben seinen Amts-Geschäften auch dadurch verdient gemacht, daß er aus besonderer Neigung die Geschichte der Grafschaft Henneberg, zu der auch die Stadt Themar gehörte, von ihren Anfängen bis 1800 schrieb.

Johann Adolf Schultes wurde am 29. Oktober 1744 als siebentes und jüngstes Kind in Reinhardsbrunn geboren. Sein Vater stammte aus Reinhardsbrunn und kam 1751 als Fürstlicher Rat, Oberbeamter und Amtmann an das den Fürstentümern Gotha-Altenburg und Coburg-Saalfeld gemeinschaftlich gehörige Amt Themar. Er war verheiratet mit der Tochter des Gothaischen Arztes Gotter, einer Verwandten des Grafen Molsdorf und des Michael Johann Gotter, der 1688 Amtsverweser in Themar gewesen war.

Johann Adolf Schultes besuchte das Gymnasium zu Schleusingen und von 1762 - 1765 die Universität Jena zum Studium der Rechtswissenschaft. Nach Abschluß des Studiums wurde er zur Praxis in den Unterinstanzen des Amtes Themar zugelassen. 1770 wurde er dann seinem betagten Vater als gemeinschaftlicher Amtsverweser, Amts- und Hofadvokat beigegeben mit der Anwartschaft auf die Amtsnachfolge. Am 13. Juni 1771 wurde er als Nachfolger seines Vaters zum Amtmann in Themar benannt. So hatte Themar einen jugendlichen Amtmann, einen obersten Verwaltungs- und Gerichtsherren. An Besoldung bezog er außer „freier Wohnung im Amtshaus mit den dazugehörigen Stallungen, Scheunen und Garten samt dem Nutzen der darauf haftenden Gerechtigkeit an Gras- und Kräutergärten, Hopfbergen, Wiesen und dergleichen, 16 Malter tranksteuerfrei abzubrauenden Tischtrunk, einen Vogelherd und einer Schneiße, wie herkömmlich, 20 Klafter Holz nebst dem davon gefallenen Reisig, Feld zu 3/8 Leinsaat im Exdorfer Flur, die Hälfte des kleinen Zehnts desselben Ortes an Flachs, Rüben, Kraut, Obst, Hühnern, Gänsen und Schweinen, 10 Malter Korn, 2 Malter Weizen, 4 Malter Gerste, 24 Malter Hafer, 4/8 Erbsen, 2/8 Linsen und 4 Schock Stroh. An barem Geld wurden gewährt zusammen 130 Gulden, 2/3 von den nach der Taxordnung anfallenden Amtsgeldern und 8 Gulden zur Besorgung von Schreibmaterialien an Papier und dergleichen in die Amtsstube." Weiter betrieb er in Themar eine umfangreiche Landwirtschaft und hatte für die vielen Reisen auf denen ihn ein berittener Diener begleitete, ein Reitpferd verfüglich.

Inzwischen gründete Johann Adolf Schultes einen eigenen Hausstand. Er heiratete die in Kloster Veßra wohnende verwitwete Frau Stutereiverwalter Johanna Opitz. Sie hatte von ihren Eltern die bedeutende kursächsische Domäne mit dem damit verbundenen Gestüt in Kloster Veßra in Pacht gehabt, ein hübsches Vermögen geerbt und ihrem Nachbar, dem Herren Rat Schultes in Themar des öfteren ausgeholfen, wenn dessen Söhne gar zu notwendig Geld brauchten. Sie war 17 Jahre älter als Schultes, sollen aber recht glücklich miteinander gelebt haben.

Der junge Amtmann Schultes hat das in ihn gesetzte Vertrauen gerechtfertigt und erhielt in kurzer Zeit ehrende Beförderungen in seinem Amt. Er wurde auf eigenen Wunsch und auf sein Nachsuchen vom Kaiser in den Adelsstand erhoben. Als Beweggrund gibt er die Rücksicht auf Familienstiftungen an, die seinen Angehörigen zugute kommen würden, wenn sie adelig wären. Seine erste Frau war gestorben, seine zweite Frau wurde Freiin von Imhoff. Er wünschte nun seine Kinder in den Genuß der Imhoffschen Familienstiftungen gelangen zu lassen. Doch starb die junge Frau nach kurzer Ehe, worauf er deren Schwester ehelichte. 1803 wurde er als Archivrat an das Landesministerium nach Coburg berufen. Er erlebte hier sein 50-jähriges Dienstjubiläum. Die vielseitige Arbeit in den ihm anvertrauten Archiven war nunmehr seine eigentliche Domäne, wo er sich durch gründliche Arbeiten auszeichnete. Ihm hat auch nicht die verdiente Anerkennung und Ehrung gefehlt.

Schon als Schüler hat sein besonderes Interesse der Arbeit in der heimatgeschichtlichen Forschung gegolten, angeregt durch seinen einstigen Lehrer des Gymnasiums in Schleusingen, Professor Wolch. Dieser übte einen wesentlichen Einfluß auf die Entwicklung des Themarer Amtmannssohnes aus, er förderte dessen Neigung, mit Forschungen zur Hennebergischen Geschichte zu beginnen. Bald nach seiner Ernennung zum Amtmann in Themar hat Schultes mit seinen Forschungen begonnen und sie sehr aktiv gefördert unter der Erkenntnis, daß zeitgenössische Urkunden und Urkunden des Mittelalters die sichersten Beweismittel, die echten Keime historischer Wahrheiten sind für eine vollständige und zusammenhängende Geschichte der Grafschaft Henneberg. Er hat in sorgfältiger Kleinarbeit eine Gesamtschau der Vergangenheit erreicht, und er wurde gegenüber früherer Darstellungsversuche Anderer der erste Historiker der Grafschaft Henneberg. Seine Sonderstudien, so auch über das Kloster in Kloster Veßra, sind Teilstücke des Gesamtwerkes. Seine zweibändige „Diplomatische Geschichte des gräflichen Hauses Henneberg" mit dem Anhang von 555 Urkunden ist eine unübertroffene, wohl auch unübertreffliche Leistung.

Eine weitere Arbeit ist die „Historisch-statistische Beschreibung der Gefürsteten Grafschaft Henneberg". Diese ist aus wirtschaftlichen Gründen leider Fragment geblieben und behandelt in einem Teil die geschichtliche Entwicklung von Themar. Er hat alles über die geschichtliche Entwicklung zusammengetragen, was in seiner Zeit erreichbar war. Inzwischen haben sich andere Quellen aufgetan, die nun mit dem älteren Material verarbeitet ein vollständiges Bild von Themars Entwicklung geben können. Diese genannten Arbeiten stammen aus dem Themarer Aufenthalt.

Nach seiner Berufung nach Coburg wandte er sich der geschichtlichen Erschließung seiner neuen Heimat zu.

Freilich war, wohl infolge der noch mehr angespannten amtlichen Tätigkeit und des vorgerückten Lebensalters, die Coburger Zeit nicht so fruchtbringend wie ihre Vorgängerin in Themar, aber sie birgt ebenfalls ungeahnte Schätze und reiche Ausbeute. Der große und anhaltende Fleiß, den Schultes auf seine geschichtlichen Forschungen neben seinen Amtsverrichtungen verwandte, wurde durch die Schwierigkeiten gehindert, mit denen Schultes bei den damaligen wenig entwickelten Verkehrsverhältnissen und bei der Verschlossenheit der Archive zu kämpfen hatte. Von Gönnern und Freunden wurde er unterstützt, immerhin aber bleibt sein Verdienst ein ganz außerordentliches, geradezu staunenswertes, er hat die Bahnen geöffnet und die Brunnen gegraben, aus denen alle späteren Geschichtsforscher für ihre Landeskunden und Chroniken geschöpft haben und noch schöpfen.

Er konnte kaum mehr leisten, als er wirklich geleistet hat, nur das urkundlich Beglaubigte hat er als Tatsache festgestellt. Daß sich seitdem die Forschung wesentlich geändert und Resultate zutage gefördert hat, die Schultes noch nicht ahnen konnte, ändert allerdings auch manches in seinen Behauptungen, kann aber den wohlverdienten Ruhm des Mannes auch nicht im geringsten schmälern. Seine Darstellung ist ernst und klar, durchweg nüchtern und immer bei der Sache, selten abschweifend, der Würde des Gegenstandes angemessen. Das Ganze seines Lebenswerkes bleibt Ausdruck eines umfassenden Geistes, eines eisernen Fleißes und einer tiefen echten Heimatliebe.

So war es denn eine selbstverständliche Pflicht der Stadt Themar, der Stätte seiner ersten geschichtsforschenden und -schreibenden Tätigkeit, daß man ihn durch Benennung einer Straße ehrte, um dadurch seinen Namen und seine Bedeutung für die Zukunft zu erhalten.

Darüber hinaus wurde am Amtshaus, seiner einstigen Wirkungsstätte, wo seine bedeutenden Werke über die Geschichte der Grafschaft Henneberg zur Forschung und Niederschrift kamen, eine Gedenktafel angebracht mit folgender Inschrift:

„Dem hochverdienten Hennebergischen Geschichtsschreiber Johann Adolf von Schultes, geboren 29. Oktober 1744 in Reinhardsbrunn, 1770 - 1803 Sachsen-Coburg-Gothaischer Amtmann in Themar, gestorben 29. Mai 1821 als Geheimer Archivrat und Landesregierungs-Direktor in Coburg, gewidmet vom Verein für Sachsen-Meiningische-Geschichte und Landeskunde am 29. Mai 1903".

So hat man ihm die verdienten äußeren Gedenkzeichen zur Erinnerung dargebracht, zum Verstehen und Würdigen seines Lebens und Schaffens in Themar.

Quellenverzeichnis: 1. Ebenda
2. Entnommen aus Schriften vom Stadtarchiv

Johann Friedrich Fuchs (um 1770 - 1828)
Berühmter Mediziner

„Johann Friedrich Fuchs ist ein bedeutender Mann, der in unserer Stadt geboren und aufgewachsen ist.

Er war Doktor der Medizin und der Chirurgie; großherzoglicher Sachsen-Weimarischer Geheimhofrat, ordentlicher Professor der Anatomie, Senior der medizinischen Fakultät, Vorsteher des großherzoglichen anatomischen Museums zu Jena und Mitglied vieler gelehrten Gesellschaften.

Seinen Lebenslauf hat er selbst geschrieben unter Hinweglassens seines Geburtstages. Als Geburtstag ist der 4. September 1774 angegeben, was aber nicht mit den Eintragungen in den Kirchenbüchern übereinstimmt. Er kann also nicht bereits mit 3 Jahren die Lateinschule besucht haben. Er schreibt, daß er die erste Bildung der Schule seiner Vaterstadt Themar verdanke. Johann Friedrich Fuchs besuchte die Scholae Themarensis, es wird in der Schulchronik 1777 erwähnt, auch daß er 1784 sein Abschlußexamen ablegte.

Danach besuchte er das Gymnasium in Schleusingen, studierte später in Jena. Hier beschränkte sich sein wißbegieriger, nach einer universellen Bildung strebender Geist nicht bloß auf Medizin, auch humanistische Studien trieb er mit Eifer und nahm als ordentliches Mitglied tätigen Anteil an den Übungen der lateinischen Gesellschaft. Am 27. August 1801 erwarb er sich durch öffentliche Verteidigung seiner Dissertation die medizinische Doktorwürde.

1803 hielt Doktor Fuchs den Winter hindurch anatomische Vorlesungen, die ihm im folgenden Jahre einen Ruf als Professor der Anatomie nach Würzburg verschafften. Im Jahre 1805 kehrte er nach Jena zurück, nachdem ihm die ordentliche Professur der Anatomie mit dem Charakter eines Herzoglichen Sächsischen-Weimarischen Hofrates übertragen worden war und rückte 1811 an die zweite Stelle der Fakultät ein. Seine sehr umfangreiche Bibliothek war ihm förderlich und erhöhten Geist und Scharfsinn in seinen Vorlesungen. Eine mehrjährige Nervenschwäche beginnt zu wirken, die nur zu oft seine Wirksamkeit einschränkte und schließlich zum Tode führte.

Johann Friedrich Fuchs starb am 9. August 1828 in Jena. Er hinterließ eine nicht so zahlreiche, aber ausgesuchte anatomische Sammlung, wobei sich besonders die der Präparate über das Gehörorgan hervortat.

Im Besitz der Familie Fuchs in Themar waren früher die Papiermühle (1769 officina et mola Charteria zu Weißbach), auch die Brückenmühle (mola pontana 1776) und später (1803) auch die obere Mühle."

Heinrich Erdmann Christian Mylius (1813 - ?)
Mundartdichter, Erfinder des Tretkurbelfahrrades und Revolutionär

„Mylius, der Name hört sich gewichtig an, fremdartig, selten. Im Grunde genommen ist er es keineswegs. Als unsere Familiennamen entstanden, war die Urkundensprache Lateinisch, und des öfteren übersetzten die Schreiber einen deutschen Namen ins Lateinische, so wurde oftmals aus dem Bauer ein Agricola und aus dem Kaufmann ein Mercator. Durch die Humanisten jedoch kamen lateinische und griechische Namen groß in Mode, wobei man nicht bei der einfachen Übersetzung des deutschen Wortes in die Fremdsprache stehenblieb. Oftmals machte man sich die Sache so leicht, daß man den deutschen Namen einfach derart veränderte, daß er einen lateinischen oder griechischen Klang erhielt, dann wurde Krause zu Krusius, Neumann zu Neander und Müller zu Mylius.

Einer aus dieser großen Mylius-Familie lebte und wirkte in Themar und verdient es, aufgrund seiner geistlichen, künstlerischen und handwerklichen Fähigkeiten, auch heute noch, im Gedächtnis seiner Umwelt weiterzuleben.

Heinrich Erdmann Christian Mylius wurde am 5. September 1813 als drittes Kind der Familie Mylius in Friedrichsthal geboren. Sein Vater war der „Erb-, Lehn- und Gerichtsherr Gottlieb Wilhelm Mylius, Besitzer von Friedrichsthal", wie das Taufregister der Kirchengemeinde Spechtsbrunn ausweist. Er war mit einer Tochter des Holzhändlers und Floßfaktors Eisbrücker aus Themar verheiratet. Als Eisbrücker starb, zogen Mylius´ nach Themar. Dort wuchs Heinrich auf, besuchte die Volksschule und lernte das Schlosserhandwerk. Um seine Kenntnisse zu vervollkommnen - besonders auf dem Gebiet der Feinschlosserei - besuchte er eine Fachschule in Nürnberg, danach arbeitete er als „Mechanikus" in der Werkstatt des Vaters.

Geistig außerordentlich rege, befriedigte ihn auf die Dauer die Schlosserarbeit jedoch nicht. Er malte gerne, trat auch sofort nach der Gründung dem Gesangverein in Themar bei, und er dichtete in Themarer Mundart. Diese Gedichte machten ihn in seiner engeren Heimat bekannt.

Schließlich erschienen sie in einem Bändchen, herausgegeben und mit einer

Einleitung von Friedrich Hofmann, einem Mitarbeiter Joseph Meyers, versehen, im Verlag der Kesselringschen Hofbuchhandlung in Hildburghausen. Dieses Reimen machte Mylius unheimlichen Spaß, und er sagte über sich:

„Ich selber bin der Gärtner, on pflanz die Blümle aus, Dröm schrieb ich alle Morge a neu Gedichtle auf."

In den Jahren zwischen 1813 und 1817 hatte der Freiherr von Drasis seine Laufmaschine vorgestellt, und dieses Laufrad beeindruckte verständlicherweise auch Heinrich Mylius.

Der Benutzer eines solchen Velozipeds saß auf einem Balken zwischen zwei hintereinander angebrachten Rädern und stieß sich mit den Füßen ab. Doch beachte man dabei die Schere der eisenbeschlagenen Holzräder und die damaligen Wegeverhältnisse, wenn man sich ein Bild über die Fortbewegung mit solchen Laufrädern machen will. Erklärlich, daß sich verschiedene Konstrukteure darum bemühten, dieses Gefährt zu verbessern.

Heinrich Mylius versah als erster das vordere, größere Rad mit zwei Tretkurbelpedalen, so daß man künftig beim Fahren die Füße vom Boden lösen konnte. Er erfand also den „Rundtritt" an der Achse des Vorderrades. Doch blieb das ganze ein Einzelversuch, der kaum bekannt wurde. An eine Serienproduktion dachten weder er noch die Leute seiner Umgebung, doch stellte er dieses Tretkurbelfahrrad bereits 1845 dem Publikum vor, 1853 erfand Fischer aus Schweinfurt diese Tretkurbel noch einmal und 1862 die beiden Franzosen Michauy und Lallemant ein drittes Mal. Erst ihnen gelang eine kleine Fahrradproduktion. Interessant ist in diesem Zusammenhang sicherlich noch das Gewicht der Myliussischen Erfindung: ganze zwei Zentner!

Heinrich Mylius war noch nicht ganz 35 Jahre alt, als die Revolution von 1848 auf die deutschen Kleinstädte übergriff. In Hildburghausen hatte Joseph Meyer die „Reform-Adresse" vom 12. März 1848 an den Herzog Georg von Sachsen-Meiningen verfaßt, in der die Wünsche des Volkes freimütig dargelegt wurden. Der „Mechanikus Mylius" war in Themar mit der Verbreitung dieser Schrift beauftragt, denn die revolutionären Ereignisse hatten auch ihn mitgerissen. Da er sich als ein gewandter Redner ausgewiesen hatte, wuchs er bald zum Mittelpunkt vieler Diskussionen heran. Die Abteilung Inneres des Herzoglichen Landesministeriums Sachsen-Meiningen registrierte seine politischen Aktivitäten gar wohl. So schloß sich Mylius 1849 nach dem Scheitern der Revolution den Auswanderern nach Amerika an. Wollten die meisten dieser Leute der wirtschaftlichen Notlage in der Heimat entgehen, kamen bei Mylius noch politische Gründe hinzu. Man weiß, daß er in New York angekommen und in den Staat Tennesee gereist ist. Dort verliert sich seine Spur.

Quelle: Horst Jäger, Henneberg, Aus dem Stadtboten „Amtsblatt für die Stadt Themar mit Wachenbrunn und Tachbach und der Verwaltungsgemeinschaft Feldstein” vom Freitag, dem 23. September 1994, Textseite 4

Gottlieb Jacob (1826 - 1896)
Erster Erforscher der Steinsburg

Wenn Hofrat Dr. med. Gottlieb Jacob auch nur wenige Jahre seiner Frühkindheit hier in seinem Geburtsort Themar verbracht hat, so können wir ihn doch zu den namhaften Persönlichkeiten unserer Stadt, seinem Heimatort, rechnen. So einfach sein Lebensweg war, so gehaltvoll war seine wissenschaftliche Tätigkeit, seine Wirksamkeit als Gelehrter, als Prähistoriker oder Vorgeschichtsforscher.

Im benachbarten Römhild verbrachte er einen Teil seiner Jugend, jahrelang lebte er dort im zunehmenden Alter, um vorgeschichtliche Studien und Untersuchungen durchzuführen. Er hat auf dem Gebiet der Vorgeschichte für unser engeres Heimatland geradezu bahnbrechend gewirkt, so daß seine Arbeiten hierüber zukunftsweisend bis in unsere Gegenwart wurden.

Am 27. September 1826 wurde Gottlieb Jacob in Themar geboren, und gerne erinnerte er sich seiner Geburtsstadt. Sein Vater Ernst Jacob wirkte in Themar bis zum Übergang der Stadt an Sachsen-Meiningen als Sächsisch-Coburger Amtmann, bis er nach Kranichfeld versetzt wurde, später nach Salzungen und Römhild.

Zur Studienvorbildung besuchte er die Gymnasien in Schleusingen und Hildburghausen. Daß Gottlieb Jacob einer der sogenannten „besten Schüler” war, läßt sich nach seinen Zeugnissen nicht sagen, später leistete er wissenschaftlich um so mehr.

Nach dem Abitur studierte er Medizin an den Universitäten in Leipzig, Prag, Wien und Würzburg und erwarb den Doktortitel. Er praktizierte zuerst in Schalkau und legte das Physikatsexamen in Meiningen ab. Verheiratet war er mit Betty Muth. Der Ehe entsprossen 4 Kinder. 15 Jahre wirkte er dann als Amtswundarzt in Heldburg, später dazu auch als Physikus des dortigen Bezirkes. Wegen seiner reichen Kenntnisse und seiner humorvollen Umgangsart war er als Arzt sehr beliebt. Geschwächter Gesundheit halber gab er, 47 Jahre alt, seinen Beruf auf und ging in den Ruhestand. Er lebte vorübergehend in Coburg, dann wieder in Römhild und zuletzt in Bamberg, wo er 1896 im Alter von 70 Jahren starb.

Seinen eigentlichen Wirkungskreis fand er in seinem Ruhestand zu Römhild, wo er jene tiefeingreifenden, scharfsinnigen prähistorischen Untersuchungen am Kleinen Gleichberg, der Steinsburg, begann. Anfangs verlacht stand er dann mit einem Male in vorderster Reihe der Fachgelehrten. Es war doch ein genialer Gedanke, der Jacob bei eingehender Betrachtung der auf dem Kleinen Gleichberg, der Steinsburg, so mächtig aufgebäumten Basalttrümmer kam, daß diese Wälle, wenn auch Produkt vulkanischer Ausbrüche, ihre Auflagerung nicht dem blinden Zufall roher Naturkräfte, sondern vielmehr dem wohldurchdachten, planmäßigen Entwurf und der Tatkraft von Menschen verdankten, die sie zusammentrugen und aufeinander schichteten. So war dann der Kleine Gleichberg mit seinen Basaltringen und Steinwällen in vorgeschichtlicher Zeit, um etwa 400 vor Chr., Wohn- und Aufenthaltsort eines vorgeschichtlichen Volksstammes, der Kelten.

So schuf Dr. Jacob mit seinen Forschungen und Ausgrabungen als seine Lebensarbeit die Grundlage des bedeutenden vorgeschichtlichen Denkmals unserer engeren Heimat, der wichtigsten Keltenfestung Deutschlands.

Liegt Dr. Jacobs Hauptverdienst auf prähistorischem Gebiet, so hat er andererseits auch auf rein historischem sehr dankenswertes geleistet. In Anerkennung seiner ausgezeichneten wissenschaftlichen Tätigkeit wurden ihm hohe Ehrungen zuteil. In steter Arbeit und stetem Forschen war sein ganzes Leben im ersten Teil in rein praktischer und im zweiten Teil in rein wissenschaftlicher Art Mühe und Arbeit. Wenn sich auch das Leben und das Lebenswerk von Dr. med. Gottlieb Jacob nur in ein paar Kinderjahren in Themar, seinem Geburtsort, abspielte, so darf doch Themar stolz darauf sein, daß die Wiege des hervorragendsten Prähistorikers unserer Heimat im Themarer Amtshaus gestanden hat.

Quelle: Aus dem Vortrag, Sondernummer der Steinsburgfreunde, Studienrat Buff anläßlich des 100. Geburtstages der Steinsburg, 1926

Theodor-Hugo-Armin Walther (1902 - 1961)
Schuhmacher, Poet und Heimatdichter

Er wurde am 16.03.1902 in Harras bei Hildburghausen geboren. Bei Pflegeeltern wuchs er bis zum 14. Lebensjahr in Zeilfeld auf und besuchte dort die Volksschule. Anschließend nahm er eine Lehre als Schuhmacher im Handwerksbetrieb Emil Blau in Themar auf.

In diesem Betrieb arbeitete er mehrere Jahre als Facharbeiter. Ein von ihm eröffnetes kleines Schuhgeschäft konnte in der schweren Zeit der Wirtschaftskrise nicht aufrechterhalten werden. Längere Zeit mußte er mit seiner Familie mit einer kargen Arbeitslosenunterstützung auskommen.

Er war verheiratet mit Erna Walther, geborene Wehner aus Themar. 1957 verstarb Erna Walther im Krankenhaus zu Hildburghausen. Hugo Walther hat mehrere Jahre sogenannte Notstandsarbeiten verrichten müssen (Kabelverlegung, Pflasterarbeiten in der Bahnhofstraße, Waldarbeiten und dergleichen).

Längere Zeit - insbesondere nach dem Tod seiner Frau - verbrachte er in Heilanstalten in den Orten Schmalkalden, Römhild und Sonneberg. Er war an Tuberkulose erkrankt.

Ende 1961 verabschiedete er sich noch von seinen engsten Freunden und verstarb kurz darauf in seiner damaligen Wohnung in der Bahnhofstraße 5, Themar. Beerdigt wurde er im kirchlichen Friedhof im Grab seiner Frau in Themar. Das Grab wurde zwischenzeitlich eingeebnet.

Theodor-Hugo-Armin Walther war vielseitig interessiert, besonders an der Geschichte der Stadt und seiner Umgebung. Durch ständiges Lesen von Veröffentlichungen in Büchern, Zeitschriften und Chroniken bis zum Mittelalter eignete er sich ein umfangreiches Wissen über besondere Ereignisse, wie der Geschichte des Henneberger Landes, des Bauernkrieges, aber auch der Landeskunde mit ihren überlieferten historischen Bauten und sagenhaften Orten in Themar und Umgebung an.

Natur- und zeitverbunden, immer in gutem Kontakt mit einer Vielzahl von Einwohnern der Stadt - lustig und aufgeschlossen, ein guter Zecher, aber auch hilfsbereit bis zum Übermaß war sein großes Vergnügen etwas aus dem Leben unserer Bürger zu beobachten, aufzuschreiben, zu kommentieren und somit der Nachwelt zu überliefern.

Dabei gelang es ihm, sowohl in Reimen als auch in einer gewählten hochdeutschen Sprache, einschließlich der Themarer Mundart eine Vielzahl von Gedichten, besonderen Ereignissen, historischen Einblick auch über das Leben der Bürger unserer Stadt in den zwanziger Jahren und den Nachkriegsjahren abzugeben.

Immer war sein Auftreten mit viel Humor begleitet, und die von ihm verfaßten Humoresken nahmen einen vorrangigen Platz in seinem Schaffen ein.

Es ist nicht möglich, alle noch vorhandenen oder überlieferten Blätter aufzulisten. Das besonders in Themar beliebt war und noch ist, wie:

„Das Hüt´s - Gedicht" - bu´s Hüt´s git ...

soll beispielhaft genannt werden.

Eduard Gottlieb Amthor (1820 - 1884) Gründer der ersten Kaufmännischen Fortbildungsschule in Hildburghausen

Amthor ist als Sohn eines Diakons am 17.07.1820 in Themar geboren worden.

Er studierte in Leipzig Theologie und Orientalistik und erwarb den Titel eines Doktors. Trotzdem schlug er nicht die akademische Laufbahn ein, sondern reiste durch England und Frankreich. Später eröffnete er die erste Kaufmännische Fortbildungsschule in Hildburghausen, war dort Mitarbeiter am Bibliographischen Institut Joseph Meyer und verlegte dann die bekannte Amthorsche Handelsschule nach Gera.

In seiner 1866 gegründeten Verlagsbuchhandlung spezifizierte er sich auf Reisewerke und Schulatlanten.

Das Trinklied „Wenn ich einmal der Herrgott wär" dichtete er 1841. Die Melodie dazu schrieb der 1853 in Wien geborene Karl Binder. Das Lied ist im Kommersbuch enthalten.

Quelle: Schriftenreihe „Historia Academica" 29/30 von 1990/91

Themarer Geschichten

verbürgte Begebenheiten, niedergeschrieben von Hermann Beyhl
mit Zeichnungen von Walter Haake

Im Rathaussaal

Vor gut hundert Jahren mißfiel es dem Magistrat, daß allerhand Diebesgesindel und fahrendes Volk hier eine Unterhose von der Wäscheleine klaute und dort einer fetten Gans den Hals umdrehte.

So wurden die wehrhaften Bürger zur Bürgerwehr gerufen und zu nächtlicher Streife verpflichtet. Unsere streitbaren Altvorderen schreckten die Spitzbuben derart ab, daß diese ihre Wäsche und ihren Braten nun anderswo organisierten. Solcherart entlastet kam nun Langeweile auf bei unserer Wachmannschaft. Langeweile aber ist Gift und regt zu gewissen Überlegungen an.

Da stand auf dem Marktplatz ein Mistwagen, voll beladen, um am nächsten Morgen in aller Früh aufs Feld gefahren zu werden. Mist abladen, Leiterwagen zerlegen und in den Rathaussaal hinauftragen, dort Wagen zusammenbauen, die Deichsel zum Fenster hinausschieben, Mist in Körben nach oben schleppen, aufladen und endlich schön zurechtpatschen. Es ging alles schnell und leise vor sich; eine schöne Leistung!

Am folgenden Morgen krähten nicht nur die Hähne. Es wurde verschwiegen, wie dieses Bubenstück geahndet ward und auch, wann der Saal wieder für den Rat nutzbar wurde.

Manche Enkel und Urenkel dieser Spaßvögel leben heute noch, aber keine Hoffnung, es wird sich keiner zu erkennen geben.

Das „Muster"

Mitten in der Stadt war eine Werkstatt, in der schufen „Themerer" Honoratioren mechanische Wunderwerke an Präzision und Langlebigkeit.

Der Meister und Chef hatte einen jüngsten Sohn, der mitunter ein rechter Flegel sein konnte. Er „dückte", wie man damals sagte, die Gesellen recht gern, er ärgerte sie also. So ganz langsam wurde die Sache aber immer gefährlicher für ihn. In der Werkstatt stand ein großer eiserner Kanonenofen, das obere Schürloch war mit einem Deckel verschlossen, schön aus Gußeisen und mit einem erhabenen Rosenmuster versehen.

Dem Altgesellen wurde die Sache eines Tages zu dumm. Er packte den Junior, hob ihn hoch und setzte ihn auf den schön geheizten Ofen. Zischen und Schreien war eins. Unser Knabe war nun für alle Zeiten an seiner Südseite gebrandmarkt, so wie ein edler Trakener Hengst, nur mit einem hübscheren Muster. Das Gesicht unseres Märthyrers, das weit über Themar hinaus bekannt, ja berühmt wurde, kennen viele alte „Themerer", sein also verziertes Gegenteil jedoch wohl kaum einer.

Der Taucher

Neben der heutigen Schule stand eine Werkstatt für Landmaschinen. Und vom Land gab es da einen Lehrling, damals Stift genannt. Eines freitags bekam nun dieser Azubi-Vorläufer seinen kärglichen Lehrlingslohn. Ein menschlicher Drang führte ihn dann aufs Örtchen, welches aus einem Brett bestand und mit einem großen runden Loch versehen war, das hin und wieder durch einen Deckel mit Knauf verschlossen wurde.

Unser Stift schob nun den Deckel auf die Seite und sich selbst über das große runde Loch. Da platschte es zweimal, einmal gewollt und erwartet und einmal unverhofft und sehr überraschend, denn der zweite Platsch war der Geldbeutel mit dem ganzen Reichtum unseres Helden. Ins Loch geleuchtet konnte man sehen, daß der Beutel auf der braunen Masse schwamm. Aber Stochern und Angeln brachten ihn nicht wieder ans Tageslicht. Tief Luft geholt und mit dem Mut der Verzweiflung wurde nun der Deckel der Lokusgrube abgehoben und mitten ins Glück hineingesprungen.

Nun hatte aber besagte Grube zwei Kammern, getrennt durch eine Zwischenwand, die aus biochemischen Erwägungen nicht oben an der Decke sondern unten, mitten im Dreck, einen Durchlaß hatte. Um in die zweite Kammer mit der Lohntüte im Geldbeutel zu gelangen, half nur eins, daß Herz über die Stange zu werfen, wie es ein Reiter vor dem Sprung tut. Da hier aber keine Stange in luftiger Höhe zu überspringen war, sondern es zähen unaussprechlichen Dreck zu untertauchen galt, schloß er Augen, Nase und Mund und kraulte hindurch.

Kurz und gut, unser Taucher tauchte mit seinem Fang in der Hand wieder auf, von seinen Arbeitskameraden mit mehreren Eimern Wasser empfangen und auf Distanz gehalten. Wie er heimfand und ob er seinen Lohn für neue Kleider anlegen mußte, ist nicht überliefert.

Aber noch etwas hatte er geschafft, er hat die uralte Weisheit „Pecunia non olet", „Geld stinkt nicht", tiefgreifendst widerlegt.

Die Salbenkur

In einem Dörflein hinter Tachbach hatte die Kuh den Bauern getreten, ausgerechnet ans Knie. Das war nun dick geschwollen und der Getretene litt große Pein. Weil er nun weder den Stall ausmisten noch die Kuh melken konnte, holte die Bäuerin unseren alten Sanitätsrat. Der kam, besah den Schaden und befand: „Das Knie braucht einen Ichtiol-Umschlag".

Das ist diese zähe braune Schmiere, bestehend aus Altlasten jahrmillionenalter Heringsschwärme. Das Zeug riecht auch danach und schmeckt bestimmt auch so.

Der etwas dumpf dreinschauenden Bäuerin mußte der Doktor nun klarmachen, daß sie die Schmiere so dick aufzutragen hätte:

„Wie man die Butter aufs Brot streicht".

Tage später schaute unser Sanitätsrat wieder zum Bauern rein. Die Bäuerin empfing ihn mit strafendem Blick und den Worten:

„Nichts, gar nichts hat´s geholfen Herr Doktor, ein Brot hat er gegessen, daß zweite hat er nicht mehr geschafft!"

Der Aufschlitzer

Es gab eine Zeit, da mußte alles nach Namen und Art erkennbar gemacht sein, am besten hinten und vorne zugleich.

So auch die Motorräder, die Vehikel mit Messingtank und Antriebriemen, Gashebel mit Zahneinteilung und schönen dünnen Reifen.

Diese Vehikel hatten nicht nur hinten ein querangeschraubtes Nummernschild. Ein zweites war längs auf dem verlängerten vorderen Schutzblech seitlich lesbar befestigt. Mit der scharfen Schmalseite sinnvoll nach vorne.

Und diese Motorräder hatten damals Lampen, die weniger dem Sehen dienten, als vielmehr dem Gesehenwerden.

Sie funzelten ein fahlgelbes Licht bis kurz vor das Vorderrad und nannten sich Karbidlampen. Aus Wasser und Karbid wurde ein Gas erzeugt, das über eine Art Düse ausströmte und besagte Illumination hervorrief.

Da ging nun ein Mann in der Dunkelheit die Teerstraße entlang stadtauswärts und ein Motorradfahrer knatterte in der gleichen Richtung hinter ihm drein. Eingedenk obiger Erklärungen wird der geneigte Leser nicht erstaunt sein zu erfahren, daß der Motorradmensch den anderen Menschen auf die Hörner, das heißt auf sein Schutzblech nahm.

Und genau dort, wo die Natur das Sitzfleisch des Menschen mit einer mehr oder weniger sinnvollen Zweiteilung versehen hatte, da paßte das scharfe Nummernschild genau hinein.

Was Arzt und Polizei mit Opfer und Täter machten geriet in Vergessenheit. Nicht aber, daß unser Motorsportler von nun an hinter der hohlen Hand der A...aufschlitzer genannt wurde.

Vom ganz alten Sanitätsrat

Ende des vorigen Jahrhunderts und anfangs des Unsrigen gab es den ganz alten Sanitätsrat, der viele „Themerer" ins Leben und in den Tod geleitete.

Über Land gings mit der Kutsche, auf dem Bock sein Kutscher, der so was wie ein Original war. Hinten, unterm schwarzen Wachstuchdach der Santitätsrat, eingehüllt in einen weiten schwarzen Mantel mit einem Riesenkragen und auf dem Kopf den dazugehörigen schwarzen Kalabreser. Im ersten Weltkrieg nun kontrollierten die Schandarmen (Gens d´Armes) an den Straßen der Stadt die Leute, ob die nicht etwa verbotenes Hamstergut vom Dorf mitbrachten, um ihren Hunger zu stillen.

So hielt auch ein Ordnungshüter die heimfahrende Kutsche des Sanitätsrates an, um zu sehen, ob nicht eine halbe Sau oder ein Schock Eier als Konterbande sicherzustellen sei. Der Kutscher nun vorwurfsvoll und klagend zum Schandarmen, der Doktor hätte die halbe Nacht mit einer schweren Geburt zu tun gehabt und sei ganz fürchterlich erschöpft. Man sähe doch, daß er ganz saumüde in sich zusammengesunken sei.

Der Schandarm, eingedenk dessen, daß auch er einmal einen Blinddarm zu viel oder an Leib und Seele irgendwas zu wenig haben könnte, ließ den Wagen salutierend passieren. Er hat nie erfahren, daß sein Gruß einem Sack voll Mehl galt, der angetan mit Hut und Mantel des ganz alten Sanitätsrats, dessen Platz in der Kutsche eingenommen hatte.

Die Entwicklung des Schulwesens in Themar seit dem Mittelalter

- von Jürgen Mäder

Das örtliche Angebot an Bildung wurde maßgeblich durch die gewerbliche und industrielle Entwicklung beeinflußt.

Aus der folgenden Übersicht, die sich auf wesentliche Abschnitte beschränkt, läßt sich leicht erkennen, daß für eine kleine Stadt wie Themar - das trifft trotz schwankender Einwohnerzahlen immer zu - die Anzahl und Vielfalt der schulischen Einrichtungen als außergewöhnlich bezeichnet werden kann.

1132 - Klosterschule in Kloster Veßra (mit Einfluß auf die Umgebung)

1462 - Erwähnung einer Lateinschule in Themar
„Themar hatte zweifellos eine gute Latein-(Trivial-)Schule, auf welche die Stadt mit Recht große Stücke hielt." (Schultes, Historisch-statistische Beschreibung)

1534 - Es existiert eine deutsche Schule, die später zur Stadtschule erweitert wurde.

1587 - Errichtung des Schulgebäudes für die Stadtschule

1634 - Zerstörung der Schule durch die Kroaten (16.10.1634)

1640 - Neubau der Stadtschule (heute Wohnhaus, Kirchplatz 4)

1861 - Errichtung einer Strick- und Nähschule aus den Überschüssen der hiesigen Sparkasse.

1876 - Die steigende Schülerzahl erforderte einen Neubau der Stadtschule (Kirchplatz 5; heute zum Wohnhaus umgebaut)

1878 - Die Fortbildungsschule (Vorgängerin der Berufsschule) wurde in Themar eingerichtet. Damit sollte für die Abgänger aus der Schule eine Weiterbildung in der Lehre und auf das Leben allgemein gegeben werden.

In den folgenden Jahren paßte sich diese Bildungsstätte der wirtschaftlichen Entwicklung an.

1885 wird von einer landwirtschaftlichen freiwilligen Fortbildungsschule berichtet,

1908 eine Knaben- und Mädchenfortbildungsschule erwähnt und im Schulbericht von

1915/1916 über die Fortbildungsschule in
- kaufmännische Abteilung (seit 1909)
- Bauhandwerker
- gemischtberufliche gewerbliche Abteilung
- Mädchenfortbildungsschule
berichtet.

Ebenso gehört hierher die Durchführung einer Kochschule (seit 1904 fast regelmäßig „im Angebot"). In einer Zeitungsnotiz aus dem Jahre 1905 konnte man darüber folgendes Lesen: „Herr Schulrat Heyl sprach sich sehr lobend über die Einrichtung aus, zum Gegensatz der Fortbildungsschule sei die Kochschule eine Schule fürs Leben."

In diesem Zusammenhang ist auch interessant, daß es von der Stadt Themar eine Stiftung gab „zur jährlichen Prämienvertheilung an fleißige Schüler der Fortbildungsschule".

1892 - Gründungsjahr der gewerblichen Fachzeichenschule, die ab 1902 unter dem Namen Zeichen- und Modellierfachschule sehr erfolgreich weitergeführt wurde.

Der Zweck dieser Einrichtung bestand darin, Handwerkslehrlinge, Gesellen und Gehilfen für den Beruf weiter zu bilden. Die zahlreichen Anerkennung und Auszeichnungen sind eng mit den Namen der ehemaligen Leiter der Fachschule Wiebel, Blechschmidt, Roos und Günther verbunden. Der Unterricht fand samstags „ab 11 Uhr" und sonntags „ab 8 Uhr" statt, aber ohne den Gottesdienst zu stören!

1896 - Eröffnung der Albin Schaack´schen lateinlosen Lehranstalt in Themar, die von Hannover (dort diente sie nur zur Vorbereitung auf eine Postkarriere) nach hier übersiedelte.

In dieser Lehranstalt fand die Ausbildung für das Lehrerseminar, den Kaufmanns- und Gewerbestand und für die „Einjährig-Freiwilligen" Prüfung statt.

Des weiteren erhielten zurückgebliebene und wenig begabte junge Leute über 14 Jahre eine Förderung. Militäranwärter, und solche für den Post-, Eisenbahn, Telegrafen- und Steuerdienst wurden in einem 3-monatigen Kursus für ihren Beruf vorgebildet.

Viele Dankesschreiben ehemaliger Absolventen zeugten von einer qualitativ guten Ausbildung.

Das erste Lehrerzimmer war im Rathaus.

Am 11.6.1897 erfolgte die Umwandlung in eine Anstalt der Stadt Themar. (Die Oberleitung hatte der Bürgermeister.)

Anfang November 1897 wurde das Beamtenschulgebäude in der Georgstraße, welches im Laufe des Sommers entstand, im neuen Stadtviertel eingeweiht. Aus diesem Gebäude ging dann die Gaststätte „Zur Post" hervor. (1945 durch den

Ehemalige Beamtenschule in der Schulstraße,
Repro: Großmann, Hildburghausen, Archiv: B.Knittel

Beschuß der Schule beschädigt und später abgerissen)

Im Jahre 1905 ließ der Leiter der Anstalt, Herr Vogt, in der Schulstraße (Nr. 16) ein neues Gebäude bauen.

Im unteren Bereich waren die Unterrichtsräume und im oberen die Räume für die Unterbringung der Absolventen.

Durch den 1. Weltkrieg ruhte die Schultätigkeit.

Für Themar brachte diese Schule einen großen wirtschaftlichen Nutzen, denn die Vermieter von Räumen, die Buchhandlung, die Lebensmittelgeschäfte und die Gaststätten verdienten nicht schlecht an den Beamtenschülern. Außerdem knüpften sich Liebesbunde, manch Themarer Mädchen wurde dann Beamtenfrau.

1919 wurde die städtische Beamtenschule, nach kurzer Unterrichtszeit, geschlossen und einige Jahre später als „Bezirkskommunale Beamtenschule" (1924) bzw. „Südthüringer Verwaltungsbeamtenschule" (1926) weitergeführt. 1929 schloß die Einrichtung dann für immer ihre Pforten.

1900 - Das weitere Ansteigen der Schülerzahlen (1901 - 445 Schüler) zwangen die Stadt zu einem Neubau der Stadtschule (Bürgerschule bis 1918, dann Volksschule) in der Georgstraße.

1907 mußte noch ein Erweiterungsbau an dieser Stelle folgen, da die Schülerzahlen (1907 - 530 Schüler) es erforderten.

1907 - 1932 wurde die Bürgerschule einer Mittelschule (zur Vorbereitung auf eine höhere Schule) angegliedert.

1919 - Aus der Fortbildungsschule entstand die Gewerbliche Berufsschule.
Das Gebäude dieser Schule (Kirchplatz 5) wurde 1927 aufgestockt, um den gestiegenen Bedürfnissen gerecht zu werden. Im unteren Bereich erhielten auch noch Klassen der Volksschule ihren Unterricht.

1920 - 1928 In diesem Zeitraum bereicherte eine Volkshochschule das Bildungsangebot in Themar.

1941 - Die Entwicklung der Schülerzahlen führte im Oktober 1941 zu einem Beschluß der Stadträte über den Neubau einer Schule. Der Plan sah vor, daß eine 16 klassige Volksschule einschließlich Turnhalle und einem Warmbad der Stadt Themar gebaut wird. „Nach dem Kriege sollte die Ausführung baldigst umgesetzt werden."

1945 - Die „Neue Schule" in der Georgstraße wurde am 7. April durch Kriegseinwirkung zerstört. Der Unterricht erfolgte dann in Behelfsräumen, oft unter schwierigsten Bedingungen.

1946 - Aus der Gewerblichen Berufsschule bildete sich die Allgemeine Berufsschule heraus. Besuchten bislang die Lehrlinge an einem Tag der Woche die Schule, so erweiterte sich jetzt ihr Unterricht auf 2 Tage in der Woche. Die Wiederaufnahme des berufstheoretischen Unterrichts für die Berufsgruppen: Bau- und Möbeltischler, Beizer und Poliere sowie Landwirtschaft und Hauswirtschaft erfolgte in der Baracke am Sportplatz.

Weitere Entwicklungsabschnitte dieser Berufsschule sind:

1952 Umzug von der Baracke am Sportplatz wieder in das eigentliche Schulgebäude, Kirchplatz 5

1958 - 1966 Allgemeine und Zentralberufsschule für Tischler

1958 Die Außenstelle der Ingenieurschule für Holztechnik Dresden wird eingerichtet. (Ausbildung von Ingenieuren und Ingenieur-Ökonomen für Holztechnik und Meister der Industrie für Holztechnik)

Außerdem erhielten Handwerksmeister - im Auftrag der Handwerkskammer Suhl - ab diesem Zeitpunkt eine Ausbildung (Tischler - Fachtheorie, andere Berufe - allgemeine Theorie).

1966 Es erfolgte ein Rechtsträgerwechsel der Schule - einschließlich Gebäude - zwischen dem Rat der Stadt und dem VEB „Südthüringer Möbelwerke Themar" zwecks Bildung einer Betriebsschule. (Aufgabe: Ausbildung von Lehrlingen in Theorie und Praxis sowie von Erwachsenen und Weiterbildung)

1974 Ab diesem Zeitpunkt werden auch Vietnamesen und Kubaner auf ihr Berufsleben vorbereitet.

1979 Mit der Übernahme des neuen Standortes (Schule mit Wohnheim und Betreuungseinrichtung) in der Ludwigstraße, ergaben sich sehr gute Bedingungen für die theoretische Ausbildung. Der praktische Unterricht erfolgte weiterhin in Kloster Veßra.

1949 - Der Neubau der Schule (heute Schulstraße 7) begann in mehreren Bauabschnitten (1949 - 1953).

Mit der Übergabe der Turnhalle (1953) war für viele Jahre Schluß mit dem Wiederaufbau der Schule. Erst 1976 erfolgte die Fortsetzung mit der Errichtung von 10 Klassenräumen in Plattenbauweise.

Zwischenzeitlich ergaben sich auch inhaltliche und organisatorische Veränderungen an der Schule. Stichpunktartig seien dafür genannt:

1951 - Zentralschule (die Oberstufen der benachbarten Dörfer werden hier eingeschult)

1953 - Erste Zentralschule mit Oberschule im Bezirk Suhl

1957 - Einführung des polytechnischen Unterrichts

1959 - Beginn des Aufbaus der zehnklassigen, allgemeinbildenden polytechnischen Oberschule

1961 - In Themar wird die Betriebsfachschule der HO (Handelsorganisation) eröffnet. In dieser Einrichtung erhielten viele junge Menschen eine Ausbildung für das Gaststättenwesen.

Für den Unterricht nutzte man die ehemalige Gaststätte „Zum Hirsch", Räume in der früheren jüdischen Synagoge und ab 1979 als „Hauptsitz" das Gebäude Kirchplatz 5. Zur Unterbringung der Lehrlinge dienten Privatquartiere und später das Internat Schuhmarkt 10 (ehemals Schuster Blau).

1970 - Mit der Bildung des Baumaterialienkombinats Suhl, Sitz Themar, wurde gleichzeitig festgelegt, „Die Berufsbildung, Erwachsenenqualifizierung und die Kaderentwicklung sind so zu gestalten und zu konzentrieren, daß sie für das gesamte Kombinat wirksam werden ...". Für die Umsetzung dieses Beschlusses wären folgende Stationen zu nennen:

1971 Bildung einer Staatlichen Betriebsakademie (Zielstellung: Facharbeiterqualifikation bzw. Facharbeiterweiterbildung, Meisterausbildung usw.)

1974 Übergabe des Polytechnischen Zentrums für die Schüler der polytechnischen Oberschulen Themar, Lengfeld und Reurieth.

1975 Seit dem 1. September dieses Jahres sicherte das Baumaterialienkombinat für die Klassen 9 und 10 die Bauvariante ab und der VEB Südthüringer Möbelwerke Themar ab September 1980 die Holzvariante.

1975 In diesem Jahr entstand das Bildungszentrum unter Leitung eines Direktors und Abteilungsleitern der Bereiche Berufsausbildung - Polytechnik - Aus- und Weiterbildung (vor der Betriebsakademie).

1990 - Den politischen Veränderungen gingen auch gewaltige Umbrüche in der Schullandschaft von Themar einher.

1991 In diesem Jahr erfolgte die Zusammenlegung der beiden Schulen Themar und Lengfeld. Gleichzeitig bildeten sich die Grundschule Themar, die Grundschule Lengfeld und die Regelschule Themar/Lengfeld heraus.

1992 Die Grundschule Themar/Lengfeld entsteht.

1993 Die Grundschule Themar/Lengfeld zieht in das Gebäude der ehemaligen polytechnischen Oberschule in Lengfeld ein.

1995 Die Regelschule Themar und die Regelschule Marisfeld bilden einen Verbund, da durch die Gebietsreform die Anzahl der zu unterrichtenden Schüler in Marisfeld stark gesunken ist.

1990 Die Betriebsberufsschule der HO wird aufgelöst.

1990 Die Bildungseinrichtung des Baumaterialienkombinats besteht nicht mehr. In dem Gebäude befindet sich jetzt das „Bildungszentrum Themar e. V.". Hier werden sozialbenachteiligte und schwervermittelbare Jugendliche in einem Beschäftigungsprojekt für einen Einstieg in den Arbeitsmarkt vorbereitet.

1990 Die Betriebsschule des Möbelwerkes existiert in dieser Form nicht mehr. Die Bezeichnung für diese Bildungsstätte, zur Ausbildung von Nachwuchs in der Holzbranche, lautet heute: Staatliche berufsbildende Schule Hildburghausen, Standort Themar. In - nach modernsten Gesichtspunkten eingerichteten - Fachräumen wird eine hohe Qualität in der Ausbildung erreicht.

1991 In der einstigen Lehrwerkstatt der Themarer Möbelwerke in Kloster Veßra, führt das „Südthüringer Bildungszentrum e. V." diese Tradition fort. In gut ausgestatteten Räumlichkeiten mit modernster Holzbearbeitungstechnik wird ein breitgefächertes Ausbildungsangebot ermöglicht.

Quellen: Stadtarchiv Themar, Privatarchive

Der Ortsteil Tachbach

- von Traugott Abeßer

Das kleine Dörfchen Tachbach wurde in die Stadt Themar 1957 eingemeindet. Ich möchte versuchen, unseren Bürgern etwas ausführlicher über den Ort und dessen Einwohner zu berichten.

Bisher wurde das reichhaltige und besondere Dorfgeschehen meist nur durch die gut nachbarschaftlichen Familiengespräche überliefert. So ist es erfreulich, daß nunmehr, neben den langjährigen Gemeindeakten der Bürgermeister, auch manche Erinnerungen über verschiedene Bewohner sowie über kleinere und größere Ereignisse aufgeschrieben werden. In den „Tachbacher Geschichten" ist der Versuch gemacht worden, einen Zeitabschnitt - wenn auch ein wenig lausbubenhaft - darzustellen.

Geschichtlich braucht sich der Ort nicht zu verstecken. Vor ca. 150 Jahren, am 15. August 1851, wurde durch den Professor G. Brückner in einer Vorrede und 1853 in der Herausgabe einer im Auftrag des Landesfürsten erstellte Landeskunde des Herzogtums Meiningen das Dorf wie folgt beschrieben:

Tachbach oder Dachbach (Dahhadorp 838, Dahbehu 890, Dahbecha, „Tachbich") Dörfchen, 3/4 ST. N. von Themar, in dem sonst engen hier aber etwas ausgebauchten Tachbachsgrund, auf beiden Seiten der Tachbach oder Forellsbach, von steilen Bergen, (darunter der Burgberg) umschlossen, waldeinsam gelegen, hat 2 Hauptgebäude, 20 Wohnhäuser, 1 Werkhaus. 108 Einwohner, 20 Familien, 285 Stück Vieh (112 Schafe, 75 Stück Rinder, 60 Ziegen, 38 Schweine). Seit 1834 eine eigene Schule. Ursprünglich nach Themar geschult, wohin noch gepfarrt, dann mit Grub einen gemeinsamen Präceptor, der dreimal wöchentlich zu Tachbach Schule hielt. Daselbst eine Schänke (Abeßer´s Schenke). Die Flur - meist bergig - umfaßt 1008 Ar Feld, 51 3/4 ar Wiesen und 350 ar Buschholz (teils Güter-, teils Gemeindewald) und ist in 10 Güter und drei Einzelgrundstücke geteilt.

Die Einwohner tätig haushälterisch, sehr kirchlich, ziemlich gut ernährend. Das Gemeindevermögen besteht in Wald, 500 fl. Schulden. Die Schafhaltung besteht in ca. 130-140 Stück Winterhaltung; im Sommer werden sie anderen Schäfereien übergeben. Das Nachbargeld 30 fl. Um 890 (in den älteren Zeiten gehörte die Flur Tachbach zur Markung Marisfeld) erhält hier Fulda einige Güter und 914 übergibt ein edler Günther, demselben Stift den Ort nebst mehreren anstoßenden Dörfern, Henfstädt, Steinhauck, Grub, Marisfeld und Schmeheim.

Mit dem Auftreten der hennebergischen Grafen sind alle diese Orte hennebergisch. Dicht im Süden am Dorf liegt der Burgberg, auf dem vormals eine Burg stand. Wann und wo und wer sie gebaut hat und wann sie wieder verschwand, ist unbekannt.

Sicher ist, es war ein Fliehburg; nach mündlicher Überlieferung soll angeblich vom 1. Haus, dem früheren Schulzenhaus, ein geheimer Gang zur Burg bestanden haben. Anzeichen für einen evt. Ausgang im Haus wurden gefunden. 1/4 Std. unterhalb des Ortes, am Ausgang des Tachbachgrundes in den Werragrund, am Fuß des Steins liegt die Tachbachsmühle, eine Mahlmühle an dem Tachbach, in der Flur von Henfstädt, dahin bezüglich der Gemeinde, Kirche und Schule gehörig, 7 Einwohner, ein Wohnhaus.

Zwischen Tachbach, Oberstadt und Marisfeld und Henfstädt liegt die Wüstung Gertles (Gertilare 914, zu den Gertiles, Gartles, Gerlitz, Gerthnes).

Sie besteht aus 8 Huben (gegen 800 ar) deren Inhaber zu Tachbach, Grub, Henfstädt, Leutersdorf Marisfeld und Oberstadt wohnen.

1 1/4 Gut lehnt der Herrschaft (früher Kloster Veßra) die übrigen seither den Gutsherrn von Henfstädt, Oberstadt und Marisfeld und dem Amt Kühndorf. Bis 1688 war der Ort der Cent zu Themar unterstellt, seitdem übten die Herren von Marisfeld die hohe Gerichtsbarkeit aus; die Niederkoppeljagd besaß die Herrschaft von Oberstadt, Marisfeld und Henfstädt mit dem Gutsherrn. Das Dorf wird bereits im 14. Jahrhundert Wüst genannt. Die Sage läßt es noch heute zur Kirche wandeln. Das Fromme nie stirbt.

Beispiele aus den Akten der Gemeindeverwaltung in der sogenannten „guten alten Zeit".

Großen Einfluß auf das Geschehen im Dorf hatten die gewählten Bürgermeister. Insbesondere wurde über die Ein- und Ausgaben in der Gemeinde, aber auch bei der Durchsetzung der Forderungen der „Obrigkeit" Buch geführt und durch die Bürgermeister bestätigt. Am 28. Februar 1817 wird durch den Bürgermeister Valtin Leib ein erhobenes Doktorsgeld von folgenden Einwohnern angezeigt:

Georg Schwarz, Georg Barfuß, Caspar Simon, Georg Caspar Schilling, Andreas Ludewig, Paul Ludewig, Leopold Haub, Michel Kühnbold, Wolfgang Leib, Zacharias Abeßer, Adam Wilhelm Abeßer, Michel Barfuß.

Aus dem Jahre 1832 liegt eine namentliche Erfassung der Einwohner von Tachbach vor.

Am 23. Mai 1847 wurde der Anfang zum Häuserbau gemacht. Der Schultheis Wolfgang Leib führt dazu 21 Einwohner namentlich auf.

Auf Anordnung der Obrigkeit mußte am 12. Januar 1847 ein Hundekataster erstellt werden mit dem Nachweis wer und zu welchen Zweck einen Hund halten durfte, bestätigte durch den Schultheis Abeßer.

Ein Dr. Mönch aus Themar erhält am 9. August 1852 Einhundert Gulden zugunsten des Herzoglichen Verwaltungsamtes von der Gemeinde Tachbach, überreicht und gesiegelt durch den Bürgermeister Carl Abeßer.

Dem Lehrer Friedrich Heß werden am 3. Dezember 1856 55 Gulden Gehalt und eine Teuerungsgrundlage von 10 Gulden durch den Bürgermeister Abeßer bestätigt, ausgezahlt.

Zwanzig Gulden werden am 20. Oktober 1856 als Jagdlager - Geld und Erbzins der Obrigkeit ausgezahlt, Schultheis Abeßer.

Am 7. September 1856 erhält die Einwohnerin Marie Elisabetha Aßmuß 20 Gulden aus der Gemeindekasse zur Unterstützung einer Reise nach Amerika zur Regelung ihrer Vermögensangelegenheiten.
- Abeßer Schultheis -

Durch das Herzogl. - Meiningische Verwaltungsamt Römhild wurden 1863 die Gewerbetreibenden von Tachbach wie folgt erfaßt:

Barfuß, Adam Wilhelm	Wagnermeister
Abeßer, Wolfgang	Webermeister
Seifert, Jacob	Schreinermeister
Ludwig, Andreas	Webermeister
Wilhelm, Michel	Schmiedemeister
Haub, Legold	Zimmermann

Die Ausübung des Gewerbes bedurfte der Zustimmung durch die Obrigkeit.

Heute hat sich der Bedarf an handwerklichen Erzeugnissen gewandelt. Weder Pferde noch Kühe und die üblichen landwirtschaftlichen Geräte bedürfen einer Schmiede. In der ehemals landwirtschaftlich genutzten Flur bestehen nur noch Ödlandflächen, bestenfalls Weidelandschaften für die Restbestände an Großvieh der ehemaligen LPG von Henfstädt. Die heutigen „Zugpferde" sind Traktoren und Autos, deshalb die Gründung einer Autowerkstatt in Tachbach. Aber auch eine gut gehende Tischlerei hat sich entwickelt.

Doch noch einmal zurück in die Vergangenheit. An einige Tachbacher „Originale" soll erinnert werden:
Da war der „Hannjörg" der langjährige Gemeindediener, der recht und schlecht im Gemeindehaus gewohnt hat. Ein uraltes verschrumpftes Männchen, der sich wegen der unzureichenden hygienischen Bedingungen nicht pflegen

konnte; im Gesicht nur noch „Runzeln", schwarzgelbe Gesichtsfarbe, sicher nicht nur von der Sonne bei seinen wenigen Bemühungen beim Wegebau. Seine letzten Aufgaben für die Gemeinde war das Verlosen der Reihenfolge für die Benutzung des Backhauses. Die Kinder hatten ein wenig Angst, weil er aussah wie ein „Neger". Er wurde bis zu seinem Tode von der Gemeinde mit einem geringen Entgelt versorgt. Der „Hannjörg" hatte einen schönen Namen - er hieß nämlich Johann-Georg.

Große, kräftige Männer gab es in Tachbach. Einer ragte von der „Größe und Breite" aus seinem Nachbarkreis heraus. Sein besonderes Kennzeichen war ein großer, gepflegter Oberlippenbart und weil er immer ein bestimmtes Auftreten hatte, nannte man ihn den Tachbacher Hindenburg. Der Traugott Leib und sein Nachbar Wilhelm Seifert, das wußten alle Leute im Dorf, gingen niemals ohne die bekannte „Schnurrbartsbinde" ins Bett. Der Wilhelm trug nämlich den gleichen Bart.

Ein anderer Tachbacher war bei vielen Bekannten im Umkreis der Dörfer als Joel bekannt. Es war der Wirt von der Abeßer´schen Gaststätte in Tachbach, der Adolf. Wegen seiner vielen Schnurren und lustigen Einfällen erhielt er diesen Spitznamen, angelehnt an den „Joel" von der Schmücke. Wenn sich eine Gast zufällig auf die um den grünen, großen Kachelofen führende Bank setzte, bekam er „fluchs" vom Joel eine vom runden Bauernbrot abgeschnittene Scheibe, bestrichen mit dicken, fetten Rahm aus seiner Landwirtschaft kostenlos.

Aus Erlau zugezogen und mit der Christiane Öckel verheiratet war der Max Schneider. Er war nur als der „Eiserne Max" bekannt. Der Max besaß unheimliche Kräfte. Es wurde erzählt und wer es glauben mag, daß er eines Tags mit dem Wagen und einer Kuh in den Wald fuhr um Holz einzubringen. Auf dem schlechten Waldweg aber schaffte das arme Tier trotz aller „Anwendungen" nicht den Wagen weiter zu ziehen. In seinem Ärger spannte der Max die Kuh aus und zog den schweren Wagen mit seiner eigenen Kraft nach Haus. - Auch das ist nicht belegt, nur nacherzählt. Als im Winter seine Frau, wie das üblich war, ihm zu Mittag ein warmes Essen in den Gemeindewald zu den Holzmachern trug, waren ihm die aufgewärmten Klöße ein wenig zu fest und zu dunkel. So warf er einen der runden Klöße kräftig an einen Baum. Und was für ein Wunder, der Kloß blieb ganz! Das Rezept hat aber die Christel nicht verraten.

Nur noch ein paar Sätze vom Albin Schorr:
Der Albin war Holzbildhauer, war in seinen „Wanderjahren" viel in der „Welt" herumgekommen und war, wie man so sagte „mit allen Wassern gewaschen". Er konnte vom Begriff der Dorfbewohner einfach alles. Immer wenn

der Albin ins Wirtshaus kam, gab es Staunen und viel Spaß. Einmal wettete er mit den jungen Burschen um ein Maß Bier, wenn er ein Skatkartenspiel an die Tür werfen würde, blieb die letzte Karte daran hängen. Den Liter haben wir leicht gewonnen, sagten die Burschen. - Also nun ausgeholt und klatsch, tatsächlich die letzte Karte blieb hängen. Er hatte heimlich einen Reißnagel in den Rücken der letzten Karte angebracht und ehe die Burschen das ganze staunend begriffen hatten, war der Nagel wieder entfernt worden. - Über die Tachbacher Originale könnte man ein Buch schreiben...

Um die Grundbildung haben sich die Lehrer Stärker (von Grub – dreimal in der Woche Unterricht in Tachbach), Dressel, Weißheit und Böhm große Verdienste erworben und sicher auch ein wenig an der Erziehung der Schüler mitgetragen. Leider sind, gemessen an der Einwohnerzahl, auch eine ganze Reihe der jungen Männer vom furchtbaren Krieg nicht wieder heimgekommen, oft Einzelkinder mit all den nachfolgenden Problemen der Eltern.

Es trifft auch heute noch zu, in Tachbach leben und wohnen fleißige und freundliche Bürger. Die Nachkommen der ehemaligen Bauern sind heute geschickte Handwerker geworden. Sie zeichnen sich aus durch gut nachbarliche Beziehungen. So sind im Laufe der letzten Jahre in gegenseitiger Unterstützung eine Menge neuer Wohnungen durch Neu-, Um- und Ausbaumaßnahmen entstanden. Freilich ist es auch schade, daß oft die schönen Fachwerkhäuser überputzt wurden und so der fränkische Baustil zurückgedrängt worden ist.

Trotzdem ist es nach der heutigen Sicht ein schönes, sauberes Dorf und kann jederzeit seine Gäste mit gutem Gewissen empfangen.

Und wer es noch nicht weiß, mit Unterstützung der „Hauptstadt" Themar wurde eine Straße nach Tachbach mit Asphalt überzogen. Sie lädt geradezu ein zu einem Spaziergang durch das idyllische Tachbachtal mit seinen Berghängen und den seltenen Wald- und Wiesenblumen.

Und wem der Asphaltweg nicht naturnahe genug ist, der möge das immer noch vorhandene „Kirchenwegle" durch den Wald über die Tachbachmühle benutzen, wo die Einwohner von Tachbach früher zum Kirchgang nach Themar wanderten.

Früher ließen die Lehrer die Schulkinder jedes Jahr ein Diktat schreiben: In dem klaren Wasser unseres Bächleins tummeln sich muntere Forellen ..., so soll es auch weiterhin bleiben!

Quelle: Gemeindeakten Tachbach im Stadtarchiv Themar

Themar Ortsteil Wachenbrunn

- von Horst Preuß

„Nicht zurückwünschen läßt sich die alte Zeit,
wohl aber der Alten Kraft und männlich Walten;
nicht der Lehnsdruck, nicht der Ritter Eisenkleid,
wohl aber die felsenfeste Treu der Alten"

Mit diesen Worten begann der Lehrer Friedrich Schmidt aus Roth bei Hildburghausen die von ihm im Januar 1901 geschriebene Chronik der Gemeinde Wachenbrunn. Er schuf aus alten Schriften, Überlieferungen und Geschichten ein bleibendes Werk zur Geschichte der kleinen Gemeinde Wachenbrunn.

Im Jahre 1901

4 km westlich von der Stadt, zwischen den Dörfern Beinerstadt, Exdorf, Jüchsen, Leutersdorf und Henfstädt, an der Landstraße, die von Themar nach Römhild führt, an dem Nordostabhang eines kalkigen Höhenzuges, ungefähr 489 m über dem Meeresspiegel, liegt, von zahlreichen Obstbäumen umgeben, das Dörfchen „Wachenbrunn".

Stattlich erhebt sich, weithin sichtbar, die in den Jahren 1870 und 71 unter schweren Sorgen erbaute Kirche des Ortes, ein Zeichen bewundernswürdiger, christlicher Gesinnung der damals lebenden Nachbarn der Gemeinde, ein Denkmal emsigen Fleißes und unverdrossener freiwilliger Arbeit.

Daneben steht die im Jahre 1894 umgebaute Schule, eine Zierde für den kleinen Ort. Außerdem hat der Ort nach der Volkszählung vom 1. Dezember 1900 43 zur Wohnung bestimmte Gebäude, mit 39 Haushaltungen, die eine Einwohnerzahl von 212, nämlich 106 männlichen und 106 weiblichen Personen ergeben. Die Schulkinderzahl beträgt 38, mithin 17 % der Einwohnerzahl.

Die Leute betreiben meistens Landwirtschaft und Viehzucht. Eine geringere Zahl derselben verdient sich Brot in den Fabriken der Stadt Themar oder geht auf Tagelohn. Wirklich arme Menschen scheint es hier nicht zu geben. Auch sind die notwendigsten Handwerker als: Schmied, Schreiner, Zimmermann, Schuhmacher, Schneider, Tüncher, Maurer vertreten. Den gesellschaftlichen Verkehr pflegt man in der einzigen Wirtschaft des Ortes, die zur Zeit von dem Gastwirt Eduard Gantz betrieben wird, aber Eigentum des Herrn Christian Fichtel zu Themar ist.

Die Einwohner legen einen Fleiß, eine Arbeitsfreudigkeit, einen Sparsinn an den Tag, über den man sich wundern muß; der sich aber auch bei Einzelnen - wenn ich mich nicht irre - zu einem falsch angebrachten Geiz steigert. Der kirchliche Sinn und das sittliche Betragen der meisten Leute läßt wie überall in der neuen Zeit manchmal zu wünschen übrig. Doch gibt es auch wahre Vorbilder der Wohltätigkeit, des Kirchbesuchs, des freundschaftlichen Verkehrs. Das Dorf an und für sich macht auf den Fremden den Eindruck der Reinlichkeit und Ordnung. Höflichkeit, freundschaftliches Entgegenkommen, Gastfreundschaft machen fremden Leuten den Aufenthalt auf kürzere Zeit angenehm.

Die Flur, die nach einer älteren Urkunde 1577 Acker Feld, 5 1/4 Acker Wiese und 130 Acker Wald hält, besteht aus Kalk, Ton, Mahn und schwarzer Erde und liefert einen mittelmäßigen Ertrag. Ihrer Größe halber kann sie nicht so sorgfältig bearbeitet und gedüngt werden, wie es eigentlich geschehen müßte. Durch die in den Jahren 1897 - 1901 vollzogene Seperation der Flur hofft man auf eine bessere Zukunft, was ja auch richtig ist, das nun die ungefähr 3000 Parzellen auf 960 zusammengelegte worden sind.

Das Dorf gewährt zur Zeit der Baumblüte einen herrlichen Anblick. Freilich sind durch den Unverstand mancher Leute während der Seperation viele, im schönsten Wuchs stehende Bäume erbarmungslos niedergemacht worden. So beschließe ich das kurze Bild von unserem Dörflein am 1. Januar 1901.

Des Dorfes Namen

Der Name „Wachenbrunn" wird von den Einwohnern des Ortes dahin gedeutet, daß man in früheren Jahren des öfteren „Wache" habe halten müssen an dem „Brunnen". Dies geschah wohl deshalb, weil 1.) anhaltender Wassermangel sich öfters in bitterer Weise fühlbar gemacht hat und darum das wenig vorhanden gewesene Wasser an die Leute in gewissenhafter Art verteilt werden mußte, oder 2) auch öfters Fremde, durchziehende, unreinliche Leute den Brunnen manchmal verunreinigten oder gar beschädigten.

Es liegt jedenfalls in diesen Vermutungen der Dorfleute viel Wahrheit, und werden diese Zustände durch Niederschriften aus älterer Zeit, sowie durch Tatsachen der Gegenwart manchmal noch bestätigt. Allein, es ist doch wahrscheinlicher, daß aus vorstehenden Gründen der Name „Wachenbrunn" nicht entstanden ist:

Wachenbrunn, vorher Wachebrünn, 1692 in einer Chronik „Wachenbronn" und 1316 „Wachebrunn" ist ein althochdeutscher Ausdruck wie Wachholder und heißt nicht „Wache am Brunnen"; sondern bedeutet soviel als „frisches Quellwasser", obgleich wir bekanntlich kein Quell-, sondern Schichtwasser in unseren vier Brunnen besitzen.

Doch will ich gleich hier hinzufügen, daß das Wasser unserer Brunnen im allgemeinen „gut" ist. ...

Weitere Nachricht über unsere Brunnen

1667 wird geschrieben:

In dem Jahr haben wir erlebt, daß große Not an Wasser gewesen ist und viele Brunnen sind ausgeblieben. Viele Mühlen sind von Jackobi bis Petri ruhig gestanden. In der oberen Mühle zu Themar ist noch ein Gang ein wenig gegangen. Die Rasenmühle und Henfstädter Mühle aber sind still gestanden.

Unser Brunnen ist doch nicht gar ausgeblieben. Aber auf Maria Reinigung, oder Lichtmeß genannt, ließ der liebe Gott den Regen wiederum vom Himmel fallen. Da wurde die Brunnen wiederum erquickt und bekamen wir Wasser genug.

1798 schreibt man:

Anno 1798 ist der Brunnen so schmal gewesen, daß man das arme Vieh nicht hat tränken können. Da haben wir in der Witterstadt mit den Wagen müssen fahren und haben ein Trögchen Wasser vor das arme Vieh müssen holen.

1822 steht verzeichnet:

Da ist der Brunnen außen geblieben vom 1. Juli bis 6. Dezember.

1857 heißt es:

Da war ein sehr trockenes Jahr. Die Dürre dauerte bis 16. März 1858. Da waren in der ganzen Umgegend viele Brunnen versiecht. Doch hatten wir noch etwas Wasser, daß in jede Pumpe in 24 Stunden, außer dem mit der Brunnstube, jeder Nachbar eine Butte voll Wasser erhielt. Der Mehrbedarf an Wasser wurde für das Vieh in der Jüchsener Flur geholt.

1860 wurde der untere Pumpbrunnen infolge Wassermangel ausgehoben und 6 Fuß hoch von unten auf in Zement gelegt, was sich gut bewährt hat. Die Kosten beliefen sich auf zirka 80 fl. rhein.

Ab den 2. November 1910 erhielten die Wachenbrunner ihr Trinkwasser über ein Pumpwerk aus der Brunnquelle bei Trostadt. Aus dieser Karstquelle wurde die Gemeinde bis 1994 versorgt. Das Pumpwerk sowie die Verrohrung wurden von den Gemeinden Beinerstadt und Wachenbrunn erbaut. 1990 wurde eine neue Rohrtrasse von Beinerstadt nach Wachenbrunn verlegt. Für die höhergelegenen Wohnhäuser, den Wohnblock sowie den ehemaligen Kindergarten wurde eine Druckerhöhungsanlage errichtet, diese ging mit der Fertigstellung der im Rahmen eines Straßenvollausbaues erneuerten Hauptwasserleitung 1994 in Betrieb. Gleichzeitig wurde die Trinkwasserversorgung auf die Fernwasserversorgung umgestellt.

Nachrichten über die Schule

Vor dem Jahre 1720 schulte das Dorf nach Themar. Von diesem Jahr an wurden die Kinder von einem Präzeptor im Ort unterrichtet. Die Schule befand sich damals an dem Orte, an welchem sich jetzt die Nebengebäude der Schule befinden. Ein in der einfachsten Bauart gestaltetes Zimmer diente als Schulstube. Daselbst hielt sich der Lehrer mit seiner Familie auf. Die Schulstube war zugleich Wohnstube. Hier wurde gegessen, getrunken, ausgeruht und nebenbei auch Schule gehalten. Hatte der Lehrer ein Lüstchen zum Rauchen, so konnte er sich wohlberechtigt seine lange Pfeife anzünden und solange qualmen, bis die Augen sich zu einem wohltuenden Schläfchen schlossen!

Ja liebe Lehrer, das ist der Unterschied zwischen „Sonst" und „Jetzt".

1842 wurde eine neue Schule gebaut. Dieselbe bestand aus einem Schulzimmer, einem Wohnzimmer mit einer Schlafkammer und einem Bodenzimmer mit Dachstube. Auch war eine Küche und ein Keller vorhanden. Das ganze Gebäude war einstöckig und machte einen sehr ärmlichen Eindruck auf fremde Menschen, während dies bei den meisten Ortseinwohnern weniger der Fall zu sein schien, da dieselben schwer für den Gedanken eines Schulneubaues zu gewinnen waren. Die Wohnstube war die noch jetzt vorhandene Stube im I. Stockwerk. Die Schlafkammerwände waren im Winter öfters mit „Eisduft" überzogen und die Kammer an und für sich so klein, daß ein Lehrer sich einmal darüber bei dem Kreisschulinspektor beschwerte, weil er immer, um in sein Bett zu kommen, über das Bett seiner Frau wegklettern mußte. ...

In der Chronik folgen über die Schule und die ersten Lehrer noch einige Seiten. Insgesamt kann man doch noch das ärmliche Leben in den Schilderungen gut nachempfinden. Unser Chronist nahm seine Lehrerstelle in Wachenbrunn im Jahre 1894 an. Mit dem Schultheiß Büttner überzeugte er die Sechser zu einem Umbau. Im August 1894 wurden die Arbeiten zum Schulumbau vergeben. Der Kostenanschlag von 4 600 M wurde auf 5 428 M überzogen. Die Mehrkosten wurden in der Zentralsparkasse zu Römhild geborgt.

Nach dem 2. Weltkrieg bis 1598 wurden zwei Mehrstufenklassen, eine von der 1. bis zur 4. Klasse und eine von der 5. bis zur 8. Klasse, von zwei Lehrern unterrichtet. Ab 1958 wurden die Schüler der 5. bis 8. Klasse in Themar unterrichtet, 1969 erfolgte die Einschulung der 4. Klasse ebenfalls an die Polytechnische Oberschule Themar. Zum 1.9.1970 wurde die letzte Mehrstufenklasse im Oberschulbereich Themar, also die Schule Wachenbrunn, aufgelöst. Das alte Schulgebäude wurde noch bis 1990 für Schul- bzw. Hortzwecke genutzt.

Nachrichten über die Kirche

So würdig das Kirchlein dastand, so alt und baufällig sah es aus, so das auch einmal Exdorfer Bauern sich einen Witz darüber erlaubten in Gegenwart des Lehrers, der ihnen aber die schöne Antwort zukommen ließ: „Wenn unsere Kirche nur ja nicht zu einem freien Gerichtstag zu Themar einfällt, sonst ist halb Exdorf verloren."

Es war im Jahr 1868 am 20. November als der weitere Gebrauch des baufälligen Kirchleins von Hoher Behörde verboten wurde.

... jetzt war das Dorf wie eine Wüste, es regte sich keine Uhr, kein Ton von den Glocken wurde hörbar alles war wie verstummt im Dorf. ... Jetzt war guter Rat teuer, unter drei Fragen mußte entschieden werden, entweder eine neue Kirche mit 5 888 Gulden Aufschlag, oder eine Reparatur mit 5 088 Gulden Aufschlag oder gar keine Kirche! Und man entschloß sich amtlich zu einen Neubau, es war im August 1869. Hierauf wurde sogleich der Abbruch der Kirche beschlossen ...

Die Arbeiten zum Neubau wurden vergeben mit der Maßgabe der Fertigstellung bis Herbst 1870. Der Neubau wurde aber erst im November 1871 fertig.

Der Bau der Kirche wurde am 23. April 1870 mit den Maurerarbeiten begonnen und im November 1871 vollendet. Am 1. Adventssonntag 1871 wurde die neue Kirche feierlich von Herrn Superintendenten Heusinger eingeweiht. Aus Kostengründen wurden die zum Bau erforderlichen Handarbeiten und Fuhren unentgeldlich von der Gemeinde geleistet. Auch die Bitte um Unterstützung an die Nachbargemeinden, an die Hoheiten sowie an den Gustav Wolf Verein wurden erhört.

Hagel - Dürre - Feuer

1. Den 20. August 1822 traf uns ein Hagelschlag, daß der Schaden auf 150 Malter Hafer taxiert wurde. Zum Glück hatte der liebe Gott die anderen Früchte alle einsammeln lassen, weil wir schon den 12. Juli zu schneiden angefangen hatten.

6.) 1859 traf uns das Gewitter so hart, daß die Fluten unsere Felder so zerriß, daß der Schaden auf mehr als 1000 fl. veranschlagt werden konnte.

9.) Jacobus, als der 25. Juli 1817 ist in unserem Dorf Feuer durch ... ausgekommen, in dem dieselbe des Abends Feuer in einen Topf gethan und dasselbe auf ihren Dachboden gesetzt und so brach das Feuer Nachts zwischen 10 und 11 Uhr aus. So brannte ihr und das Rueters Haus ab, weil sie beisammen wohnten und den Schultheiß Hofmann sein Stadel und denselben ist mit verbrannt 11 Fuder Heu, 1 1/2 Schock Stroh, 3 Klafter Holz und 5 1/2 Schock Reisig. Dieselbe hat zur Strafe bekommen 1/2 Jahr Zuchthaus.

10.) Am 3. Juni 1887 kam in der Scheune des Christian Heim Feuer aus. Es brannte die Scheune und Stallung nieder. Das Feuer kam Nachmittags 2 Uhr zum Vorschein. Die neue Feuerspritze kam zum erstenmal in Anwendung und hat sich ausgezeichnet bewährt.

13.) 1904 schlug der Blitz in einen Birnbaum hinter Ferdinand Fehds Haus ein, früh 7 Uhr.

Feuerwehr

Die Gemeinde hatte früher zwei Handspritzen, die einen Strahl auf 10-15

Gänge beförderte. 1859 wurde die Manschaft nach der Feuerwehrordnung von 1. Oktober 1849 geordnet. Sie bestand aus: 2 Feuerläufer und 8 Mannschaften (Männer), 4 Rettungsleitern und 15 Wasserlängen. 1881 beschaffte die Gemeinde eine Feuerspritze für 925 M. Dieselbe widersteht einem Druck von 12 Atmosphären, gestattet in der Minute 45 Doppelhübe, wirft einen Strahl 26 m hoch und 28 m weit ...

1963 wurde ein Feuerlöschteich am Weg nach Beinerstadt erbaut. Das 1957 erbaute Gerätehaus wurde 1995 durch den Umbau einer alten LPG-Garage ersetzt. Hier schafften die Kameraden der FFW in Eigenleistung einen hellen Schulungs- und Versammlungsraum sowie einen geräumigen Technikraum.

Vereine

1887 wurde ein Kriegerverein gegründet. Der Vorsitzende ist Ferdinand Blau.

1899 wurde ein Gesangsverein von dem Lehrer Schmidt begründet und bestand derselbe aus 26 Mitgliedern.

1899 bildeten die Burschen des Ortes einen Turnverein.

Am 14. April wurde ein Frauenverein durch Lehrer Schmidt begründet.

Wirtshaus

In früheren Zeiten befand sich in unserem Dorfe kein Wirtshaus. Noch ums Jahr 1840 hat die Landesregierung eröffnet, daß die Erteilung einer Wirtschaftskonzession an die Gemeinde Wachenbrunn nicht stattfinden könne. Man hat danach ein gar sparsames einfaches Leben geführt. Das dann und wann benötigte Bier hat man sich in Exdorf oder Themar geholt. Zur Kirmes tanzte man in den „Jörgböste Haus" wo sich jetzt die veränderte Behausung des Christian Kälber befindet. Die Burschen galten dann als geschlossene Gesellschaft und konnten ihr Bier holen wo sie wollten. Den Bierschank durften sie wohl unter sich aber nicht an fremde Personen ausüben. ...

1840 erhielt Christoph Schüler die erste Konzession für ein Wirtshaus. Als seine Frau verstarb, ließ er die Wirtschaft eingehen. Darauf entstanden zwei Wirtschaften von Eduard Gantz und August Heterich. Letzterer ging ums Jahr 1894 ein.

1900 ist eine Flaschenbierhandlung durch Floriane Rödiger eröffnet worden.

1911 wurde ein Kaufmannsladen und Flaschenbierhandlung durch Gottlieb Fritz eingerichtet.

Zur jüngeren Geschichte

Maßgeblich prägte der Rundfunksender das Bild der Gemeinde. 1951 wurde der erste Sendebetrieb durch einen mobilen Sender aufgenommen. Auf einem 36 ha großen Grundstück wurde ein Mittelwellengroßsender errichtet. Die Sendeanlagen erhielten 1988 ihren höchsten Ausbaustand mit über 1250 kW Sendeleistung. Von 1958 bis 1990 war die Deutsche Post als Betreiber der Anlage größter Arbeitgeber vor Ort.

Mit dem Zusammenbruch der DDR erfolgte ein gewaltiger Umbruch im Leben der Gemeinde. Von 1990 bis 1994 war die Gemeinde als selbständige Gemeinde mit großen Problemen belastet. Probleme wie Erhaltung des Kindergarten, Privatisierung von Gemeindewohnraum, Regelung von Grundstücksproblemen, Rückführung von Gemeindeeigentum usw. belasten nicht nur die Verwaltung. Baumaßnahmen wie:

- neue Trinkwassertrasse Beinerstadt-Wachenbrunn;
- Druckerhöhungsanlage für oberen Dorfbereich;
- Straßenvollausbau Hauptstraße einschließlich Wasser, Abwasser, Energie, Telefon, Straßenbeleuchtung und Gehweg;
- Straßenteilausbau Mittlere Dorfstraße und Hintere Dorfstraße;
- Beteiligung Gemeinschaftsgewerbegebiet Siegritz;

mußten verwaltungstechnisch und finanziell gelöst werden.

Zur Schaffung einer schlagkräftigen Verwaltungsstruktur entschlossen sich die Einwohner der Gemeinde Wachenbrunn 1993 per Bevölkerungsentscheid für die freiwillige Eingemeindung zur Stadt Themar. Diese wurde 1994 vollzogen.

Zeittafel (Auswahl) - von Jürgen Mäder

400 v. Chr.	Erste Kunde von der Besiedelung unserer Heimat durch Kelten (Steinsburg und Hügelgräber der Bronzezeit)
um 500	die Besiedelung „Villa Tagamari", Siedlung von Jägern und Fischern am linken Werraufer
531	Ansturm der Franken und Sachsen auf Thüringen; unsere Gegend wird Kriegsbeute der Franken
796	Erste urkundliche Erwähnung von Themar in einem Schenkungsbrief an das Kloster Fulda.
1131	Gründung des Prämonstratenser - Chorherrenstifts in Kloster Veßra
1268	Erste Erwähnung eines Zentgerichts in Themar.
1303	Erste urkundliche Erwähnung eines „Bürgers" von Themar (civis in Themar); Hinweis auf städtische Verfassung
1317	Erste Erwähnung von „Consules" - Ratsherren oder Bürgermeister
1356	Kirchhof bereits vorhanden und umwehrt
1339	ältestes erhaltenes Stadtsiegel
1359	Erste Erwähnung des Stadtgerichtes, der Werra - Brücke und von Märkten sowie einer Fischweide (Fischerei)
1378	Schwarzburger stürmen die Stadt; Erbansprüche des Hauses Schwarzburg nach dem Tod Berthold V.
1380	Pest von Mai - Oktober
1390	Stadtbefestigung aus Zaun und hölzernen Toren genannt
1416	Bartholomäuskapelle ist bereits vorhanden
1418	Oberkirche ist bereits vorhanden; vor der Reformation aber wieder verschwunden

1427	Badestube und Siechenhaus erwähnt
1439	Genehmigung zum Anlegen eines Grabens um die Stadt
1443	Kauf des Hutsberges
1457	Graf Wilhelm von Henneberg erteilt die Erlaubnis zum Erheben einer Wein- und Biersteuer (Finanzierung zum Weiterbau der Mauer); Themar erhält Bannmeile; Erwähnung einer Kemenate (Rittersitz)
1462	Lateinschule in Themar
1478	Innungsrechte für Tuchmacher, Färber und Gerber durch Graf Wilhelm III. von Henneberg
1488 - 1502	Bau der Bartholomäuskirche
1514	Erhebung zur selbständigen Pfarrkirche
1525	Themarer in Kloster Veßra „geunfugt"; Auflehnung gegen erdrückende Abgaben
1529	Statuten der Stadt Themar
1534	Stadtschule erstmals erwähnt
1538	Gilde der Armbrustschützen
1544	Einführung der Reformation
1552	Starke Überschwemmung
1554	Brandschatzung und Plünderung im Markgräflerkrieg
1560	Schützen und Schießgesellen genannt
1564	Errichtung eines Dekanats
1564 - 1926	Oberpfarramt
1571	Beginn der Themarer Kirchenbücher

1574	Bau der Steinbrücke über die Werra (2 Bögen) Brückentor mit Zollstation
1583	Herrschaft der Henneberger endet mit dem Tode von Graf Georg Ernst Schießplatz in der Zent erwähnt
1585 - 1624	Blütezeit des Themarer Tuchmachergewerbes
1587	Errichtung des Schulgebäudes
1595	Bergsturz am Iltenberg; Kauf der Badestube
1596	Beginn der Holzflößerei auf der Werra
1598	Friedhofskirche eingeweiht; Friedhof am Obertor angelegt
1603	Schießhütte am Hinteren Tor errichtet
1608	Vorgängerbau des jetzigen Rathauses
1623 - 1625	Truppendurchmärsche im 30-jährigen Krieg
1625	Pest wird eingeschleppt; 60 Menschen sterben
1629	Erneuerung der Statuten der Stadt
1631	Schwedenkönig Gustav Adolf zieht durch die Stadt
1632	Lempoysche Plünderung, Schaden 30.000 fl.
1634	16. Oktober - Zerstörung der Stadt durch die Kroaten unter Isolani (Verschonung der Kirche)
1640	Stadtschule wieder aufgebaut
1665	Amtshaus erbaut
1681	Neubau des Pfarrhauses
1699	Apotheke in Themar (erhielt 1703 Privilegium)

1706 - 1711	Entstand heutiger Bau des Rathauses
1710	Themar - Römhilder Krieg (Erbfolgestreit)
1780	Errichtung einer Poststation
1799 - 1800	Erneuerung des Stadtpflasters
1807 - 1815	Truppendurchzüge und Einquartierung der Preußen, Spanier, Franzosen, Russen (Napoleonische Kriege und Befreiungskämpfe) Teilnahme von 34 Männern aus Themar
um 1875	Entwicklung zum Industriestädtchen
1856 - 1858	Bau der Werra - Bahn
1869	Gründung der Stadtfeuerwehr
1876	Bau einer neuen 4-klassigen Bürgerschule am Kirchplatz
1877	Kriegerdenkmal für Krieg 1870/71 errichtet
1879	Themar wird selbständiger Amtsgerichtsbezirk
1881	Seperation der Flur; Bau der Eisernen Brücke
1883	Fronveste errichtet; Aufstellung einer Stadtwaage vor dem Rathaus
1884	„Der Werrabote" erscheint als Lokalblatt
1888	Eisenbahnstrecke Themar - Schleusingen eröffnet
1891	Schlagbäume der Chausseegeldeinnahme entfernt
1893	Bau der Hochdruckwasserleitung
1894	Errichtung des Marktbrunnens
1895	Bau der Turnhalle durch den Turnverein
1896 - 1919	Städtische Beamtenschule in Themar

1897	„Kaiserliches Postamt" erbaut
1900	Neubau der Schule an der Georgstraße Stadtmauer von der Froschgasse bis zum Schloßturm eingelegt (Häuserbau) Bebauung der Brauwiesen; Bau des Elektrizitätswerkes
1901	Einsturz der „Eisernen Brücke" über dem Bahnhofsgelände
1902	Gründung einer Zeichen- und Modellierschule
1903	Kanalisation
1907	Erweiterungsbau der Schule; „Waldhof" erbaut durch Therese Heubner, Bau der Villa „Iltenburg" durch Ernst Schwarz
1908	Mauerdurchbruch am Hexenturm, Bau der Werra - Brücke zur Obermühle (Stahlbetonbau)
1910	Gründung der „Freiwilligen Feuerwehr"
1912	Bau des Georgkinderheimes (jetzt Kindergarten)
1914 - 1918	I. Weltkrieg, 131 Gefallene und Verstorbene
1925	Bau des Lichtspielhauses
1926	Neuverlegung der Hochdruckwasserleitung
1927	Errichtung des Ehrenmals der Gefallenen des I. Weltkrieges
1930	Segelflugbetrieb auf dem Apfelberg
1932	Bau des Sportplatzes; Freiwilliger Arbeitsdienst in Themar
1934	Eröffnung des städtischen Kurhauses „Iltenburg"
1936	Themar – Möbelstadt und Urlauberort
1939 - 1945	Kriegszeit lastet auf der Bevölkerung

1945	7. April - Beschuß und Besetzung der Stadt durch Amerikaner 1. Juli - Besetzung der Stadt durch die „Rote Armee"; Behelfsholzbrücke über die Werra gebaut
1946 - 1948	Beseitigung der Kriegsschäden; Entnazifizierung, Enteignung, Bodenreform, Bildung von Genossenschaften und VEB Umsiedler aus den deutschen Ostgebieten treffen ein
1949	Schulneubau (Ehrenmal der Gefallenen des I. Weltkrieges wird eingelegt), Gründung der DDR Auflösung des Amtsgerichts, Gründung der Korbmachergenossenschaft
1950	erste HO - Verkaufsstelle; Zusammenlegung der enteigneten Möbelfabriken zu einem volkseigenen Betrieb
1951	Eröffnung Kinderhort; FDJ - Heim, Kinderkrippe, Landambulanz, Iltenburg abgerissen, VdgB
1952	Gründung BSG Lokomotive
1953	Schulbau beendet, Schulhort, Heimatmuseum
1953	Freilichtbühne, Turnhalle übergeben, Gründung VEB Mühlenbetrieb, PGH Schuhmacher, VEB Brauerei, VEB Mechanik; Stadtbücherei, 650 Jahrfeier; Webereigenossenschaft; BSG Aufbau
1954	LPG Typ III „Freier Bauer", Jugendklubhaus Wohnungsbau Karl-Marx-Straße; Umbau des Kinos
1954 - 1960	Themar wird wieder Urlauberort
1956	MTS Themar
1957	Eingemeindung von Tachbach
1958	Bau der Schutzhütte am Eingefallenen Berg; PGH Bau, PGH Maschinenbau, PGH Raumkunst
1959 - 1963	Bau der Bindemitteltankstelle; neue Bahnanlage

1959	Gründung LPG Typ I „Tachbachtal"
1960	Gründung LPG „Sieben Türme"
1961	Handelsschule eröffnet; Gründung „Club der Werktätigen"
1962 - 1963	Neue Eisenbetonbrücke an der Römhilder Straße (Abriß von Brücken- und Zollhaus), PGH Möbel, Getreidesilo, Marktpflasterung
1966	Bau des Betonwerkes; Ausbau als Industriestandort (Ende der „Sommerfrische")
1969	Bau der 80 WE am Haardtweg, Städtisches Freibad angelegt
1970	Wohnungsbau an der Lengfelder Straße
1971	Gründung des VEB (B) Baumaterialienkombinat Suhl Sitz Themar
1987	Wohnungsbau am Grahügel
1990	3. Oktober - Beitritt zur BRD; Bau der Fußgängerbrücke am Bahnübergang Lengfelder Straße
1991	Zentraler Parkplatz und „Okay" - Einkaufsmarkt am Sportplatz gebaut; Ausbau von Wohngebietsstraßen; neu gedecktes Rathausdach; Umstellung der Stadt auf neuen Energieträger (Erdgas); neue Telefonverkabelung; Pflasterung des Schulhofes; Instandsetzung der alten Turnhalle, der Sportstätten und des Gemeindehauses in Tachbach Betriebskindergarten der Möbelwerke wird städtisch Auflösung der Landambulanz
1992	Gründung des Gemeinschaftsgewerbegebietes Siegritz
1994	Eingemeindung Wachenbrunn; Kauf des Amtshauses

Abkürzungen

VEB	Volkseigener Betrieb
HO	Handelsorganisation
VdgB	Vereinigung der gegenseitigen Bauernhilfe
BSG	Betriebssportgemeinschaft
PGH	Produktionsgenossenschaft des Handwerks
LPG	Landwirtschaftliche Produktionsgenossenschaft
MTS	Maschinen- und Traktorenstation
WE	Wohnungseinheiten

Fachwerkhäuser am Markt, Foto: Großmann, Hildburghausen

Sagen von Themar und der näheren Umgebung (Auswahl)

mit Zeichnungen von Walter Haake

Themars Kriegsschrecken

Die kleine Stadt Themar im Werratale ist ein sehr alter Ort, der häufig seinen Namen im Laufe der Zeit abwandeln lassen mußte. Im Jahre Christi 800 schrieb man es Tagamari, später Theimar, dann Teymar, Teimar usw.

Es unterlag vielfach verheerender Wasser- und Feuersnot, Kriegs- und anderen Drangsalen und gelangte nie zu hohem Flor. Insbesondere war es der Dreißigjährige Krieg, der lange nachhaltig dem Wohlstand des Städtchens alle Blüte abbrach.

Im Jahre 1632 plünderte das Wallensteinsche Heer, später brandschatzte Lamboi und 1634 wütete Isolani mit seinen Kroaten ganz unmenschlich mit Schwert und Feuer.

Von 300 Häusern blieben nur 69 übrig, von 280 wehrhaften Männern oder Familienvätern nur 54.

Fast durch ein Wunder entging die schöne, von Gräfin Margareta von Henneberg erst 1488 völlig neu erbaute und dem St. Bartholomäus geweihte Kirche dem Verderben.

Die Sage meldet, Isolani solle selbst mit der Brandfackel in der Hand nach der Kirche geeilt sein, um sie als ein Gotteshaus der Ketzer anzuzünden - da strahlte ihm, strotzend von reicher Vergoldung in reizender Farbenpracht der hohe kunstvolle Flügelschrein des Altars entgegen, in der Mitte die Madonna mit dem Kinde, zu ihrer Rechten der Erzengel Michael, zu ihrer Linken der Schutzheilige und Patron der Kirche, St. Bartholomäus, ein Meisterwerk mittelalterlicher Holzskulptur, und der fanatisch - katholische Isolani löschte alsbald die Fackel, befahl die Kirche zu schonen, und dem Feuer, das die Stadt verzehrte, so viel als möglichen Einhalt zu tun, er selbst aber warf sich in gläubiger Andacht vor dem Altar auf die Knie und betete.

So übte hier die überwältigende Macht gläubiger und frommer Kunst in der Tat ein Wunder und errettete das schöne, auch sonst mit Bilderzier noch reichgeschmückte Gotteshaus.

Damals geschah es, daß eine Familie, wohnend in der Froschgasse, vom Mittagessen, welches in Klößen und Braten, aller Henneberger Lieblings- und Nationalsonntagsgericht, bestand, hinwegflüchtete und weit in fremdes Land zog.

Nach einem Jahr kehrten sie wieder zurück nach der Heimat und fanden dort ihr Häuschen in der Froschgasse gerade so wieder wie sie es verlassen. Klöße und Braten standen noch auf dem Tisch.

Und dieses Häuschen war, nebst der Kirche und nur sehr wenigen Gebäuden im unteren Teile der Stadt, das einzige verschont gebliebene in dem ganzen Stadtteil.

Der Untergang von Dörfles am Eingefallenen Berg

Es war im Jahr 1135. Vier Jahre schon war das Kloster Veßra gegründet worden. Doch niemand aus dem gegenüberliegenden Dörfles hatte sich in der Klosterkirche zum Gottesdienst gezeigt, noch war jemand in die Kapelle nach Themar zur Gebetsverrichtung gegangen, am allerwenigsten aber in die zwei Stunden entlegene alte Mutterkirche in Leutersdorf. Jedermann in der ganzen Umgegend mied es, an den alten, baufälligen Häuschen vorbei- und etwa gar hineinzugehen und sich mit den sündhaften Leuten näher einzulassen. Am schlimmsten waren das schwarze Dorle und ihr Mann, der alte Musikant, das Hermännle genannt. Ihr Häuschen stand etwa da, wo jetzt ein Springbrunnen Leben in das einsame Geröll des Eingefallenen Berges bringt, unterhalb der Grünen Villa, die von der Bahn aus leicht sichtbar ist. Nicht weit davon stand ein zweites baufälliges (Häuschen) - Hüttchen, deren Bewohner mehr einer Zigeunerfamilie glichen als den Leuten in den benachbarten Orten. Den Mann und die Frau sah man selten, und dann nur von weitem. Desto mehr plagten die Kinder die Themarer und die Grimmelshäuser und die Einwohner der anderen weiter gelegenen Orte durch ihr anhaltend dreistes Betteln, ausgenommen das ruhige, 16 Jahre alte Mädchen, das ganz aus der Art geschlagen zu sein schien. Manchmal schien es, als wollten die Alten auch etwas arbeiten, denn die Kinder brachten Körbe zum Verkauf. Ein drittes Haus stand leer; es wäre kein Leben drin gewesen, wenn nicht Mäuse und Ratten sich darin Gute Nacht gesagt hätten.

Eines Tages faßten sich der Klosterbruder Christoph von Veßra, der eifrigste von allen, ein Herz und wollte das gemiedene Räubernest aufsuchen, um die sündige Gesellschaft zu bekehren. Da kam er aber schön an. Das Dorle sagte ihm, hier habe er gar nichts zu schaffen, auch könne sie ihm nichts geben, und vorpredigen lassen sie sich auch nichts, sie könne es selber besser als er, und wenn er nicht gleich ginge, so sollte ihr Mann ihn heimgeigen. Schon erschien das Hermännle auf der Türschwelle und machte Miene, den Klosterbruder mit seinem Geigen mundtot zu machen. Da stieß Christoph eine Verwünschung aus:

„Bin ich ein Mann Gottes, so mögen Felsen vom Berg fallen und euch alle begraben!" - War es nicht naheliegend, daß der Berg bald einmal einstürzen würde? Hatten sich doch die Felsspalten von Jahr zu Jahr erweitert. Lag doch schon eine ganze Reihe Felsblöcke dort von einem früheren Einsturz. Konnte nicht diese plötzliche Eingebung zur Wahrheit werden und zum zweitenmale ein viel wuchtigerer Einsturz kommen, der Dörfles begraben würde?

Er schüttelte den Staub von den Füßen und ging heimwärts. Er wollte an der Werra entlang laufen. Noch ganz erregt über das dreiste Auftreten dieser sündigen Gesellschaft, hörte er kaum, wie hinter ihm jemand herschlich und leise rief: „Frommer Bruder, vergib, wenn ich Dich etwas frage. Was wolltest Du uns denn sagen?" Schroff wollte er antworten. Da blieb ihm das Wort im Munde stecken; denn dem Mädchen, das er jetzt sah, so bescheiden und schön, konnte man nicht gram sein. Es war das ganz anders geartete 16jährige Mädchen aus der zweiten Familie. Träumerisch und bittend sah sie mit ihren schwarzen Augen den Mönch an. Dieser konnte nicht wiederstehen und forderte das Mädchen auf, sich neben ihn zu setzten.

Er wollte ihr von dem Heiland erzählen. Und nun fing er an und erzählte von der Geburt und warum man in Teimar die großen Feste Weihnachten, Ostern und Pfingsten feiere. Begierig hörte das Mädchen zu. Immer sinniger schaute sie den Bruder an. Warum ging er nicht? Was hielt ihn fest? Er wußte es selbst nicht. „Wirst Du wiederkommen?" „Ja, aber Du mußt auch in unsere Kirche gehen und beten."

In der nächsten Woche ging er wieder auf Dörfles zu. Da kam ihm das Mädchen schon entgegen, und wieder vergingen Stunden seligsten Versenkens. Ein andermal fügte er dringend die Warnung hinzu: „Verlasse Dein Vaterhaus und gehe zu uns ins Kloster. Denke, wenn die abgespaltenen Felsen einfielen und euch allesamt begrüben. Alle Leute sagen es, daß der Berg bald wieder einmal einfalle."

Auf dem Markt in Teimar ging es lustig zu. Noch war es nicht zur Stadt erhoben. Das geschah erst 200 Jahre später (1303), und doch war schon ein lebhaftes Treiben da. Eine hölzerne Befestigung mit vier Toren umschloß die Stadt. Ein Weg führte von Dörfles bis an die obere Stadt, von da ein Steg mit drei Balken über die Werra. Oder man mußte zum Römhilder Tor herein. Zuerst ging es dann zum Schuhmarkt, dann zum Häfen- oder Töpfermarkt. Aber das größte Leben und Treiben war doch auf dem Hauptmarkt.

Da schritt der Schultheiß mit den Beisitzern des Marktgerichts einher. Sie erhoben die Abgabe auf die gewöhnlichsten Lebensmittel, z. B. von Korn und Wein. Aus der ganzen Umgebung waren die Leute gekommen. Sie brachten die Erzeugnisse der Landwirtschaft und des damals sich entwickelnden Handwerks, die von den Hörigen auf den Fron- oder Herrenhöfen meist über den Bedarf hinaus hergestellt wurden. Viele wollten auch die Gefälle und Abgaben, die sie in Naturalien bekommen hatten, in klingende Münzen verwandeln. Als der Schultheiß mit den Beisitzern den Hauptmarkt verlassen hatte und sie auf den Gänsemarkt zuschritten, da hatte es unser fahrender Gesell von Dörfles eilig, mit seiner Geige aufzuspielen. Sein Dorle sang die höchsten Töne dazu. Dann gings ans Einsammeln. Wehe dem, der ihr nichts gab. Schlimmer als die Zigeuner waren sie. Hielten sie doch auch die Leute entweder für Nachkommen von Zigeunern oder von Wenden, mindestens aber für heruntergekommenes fahrendes Volk. Niemand wollte etwas mit ihnen zu tun haben, verklagen tat sie auch niemand, aber es fehlte etwas, wenn die Gesellschaft von Dörfles nicht da war. Und dann gar, wenn der Markt aus war, dann gings zum Zechgelage in das Markthaus, wo niemand zum Tanz besser aufspielte, als das Hermännle von Dörfles.

Zwei Jahre vergingen. Die Felsspalten am Öltenberg klafften nach der Schneeschmelze immer weiter auseinander. Dann eines abends geschah Fürchterliches. Donnerähnliches Getöse rief die Leute aus den Häusern heraus, und bald verbreitete sich das Gerücht: „Der Öltenberg ist eingefallen." Am Abend getraute sich niemand mehr hin. Doch am Morgen wagten sich die Leute hinaus, allen voran der Schultheiß. Ja, der Berg war wirklich eingefallen, und Dörfles mit seinen Bewohnern war von Erdbeben verschwunden. Die sündige Gesellschaft hatte Gott gestraft, daß der einstürzende Berg sie mit Mann und Maus begraben hatte. Waren sie alle sündig gewesen? Auch das nunmehr 18 jährige Mädchen, das wunderbar erblüht und regelmäßig mit dem Bruder Christoph zusammengekommen war? Alle hielten es für unschuldig, sie, die nicht in diese Gesellschaft passe, die wahrscheinlich geraubt oder aus der Art geschlagen war.

Schrecken war überall um Teimar verbreitet. Geradezu krank aber war unser Bruder Christoph. Dazu sollte er am nächsten Sonntag in der Klosterkirche predigen. Was lag näher als der Text Spr. Sal. 14,34: „Gerechtigkeit erhöhet ein Volk, aber die Sünde ist der Leute Verderben." Kaum, daß er imstande war, seine Predigt zu beenden. Wie oft stockte es, wenn er nachweisen wollte, daß die Sünde der Leute Verderben sei. Wirklich! Wie stand es da mit seinem Liebling, dem 18 jährigen unschuldigen Mädchen? Hatte das auch die Strafe verdient? Und als er gar das Pater noster betete und an die Worte kam: „Und vergib uns unsere Schuld, wie wir vergeben unsern Schuldigern." - „Und führe uns nicht in Versuchung", da versagte seine Stimme, und totenblaß verließ er die Kanzel. Vollgestopft war die Klosterkirche gewesen. Hatte doch alle Leute der Umgebung ein heiliger Schreck überfallen. Was war denn da mit unserem Bruder Christoph gewesen? Was ficht ihn an? Ja, wenn sie gewußt hätten, was in seinem Innern vorging. Er hatte vom göttlichen Strafgericht gepredigt über die Sünder von Dörfles – aber die eine – hätte sie das Strafgericht auch treffen dürfen? Er war irre geworden an der göttlichen Gerechtigkeit, so wie sie ihm gelehrt worden war.

Einige Tage darauf verbreitete sich das Gerücht, Bruder Christoph sei aus dem Kloster verschwunden. Niemand im Kloster und in der Umgegend konnte Kunde von seinem heimlichen Verschwinden geben. Niemand hatte ihn wieder gesehen.

Noch einmal ist der Öltenberg oder ältere Berg bei Themar eingestürzt. Es war anno 1595, den 3. April um 7 Uhr. Die Sage aber von dem früher untergegangenen Dörfles hat sich bis auf den heutigen Tag erhalten. Wenn Du Dir den eingefallenen Berg nahe Themar von der Bahn aus betrachtest, kannst Du heute aber über die Schutthalden selbst schreitest, so denke an die darunter begrabenen Leute von Dörfles.

Die Gipsgrube

Einst ging Herr Heinrich Eisbrückner von Themar auf sein Feld, welches am Eingefallenen Berg gelegen war.

Unweit der Obermühle, die außer der Stadt liegt, begegnet ihm eine alte Frau. Man hieß sie nur die Schlotfegers Willebärb, und will freundlich grüßend an ihr vorübergehen; doch sie fragt ihn geheimnisvoll, wohin er wolle. Auf meinen Acker, da oben am Eingefallenen Berg, versetzte er gutmütig. Nun, da will ich auch mit, spricht die Alte weiter und trippelt neben ihm her.

Als beide dort angekommen sind, deutet sie auf einen Fleck, etwa die Mitte des Ackers, und spricht:

„Hier lasse Er einschlagen, Herr Eisbrückner, es steht ein reichlich Gipslager in diesem Berg, und da, auf dieser Stelle, wird es am ersten erreicht."

Sie schritt dann schweigend fort, und war bald hinter etlichen Büschen verschwunden. Nachdenklich ging Herr Eisbrückner heim, erzählte seiner Frau sein wunderliches Begebnis. Doch diese brach in ein Gelächter aus und sagte:

„O du Alter, was hast du nur gesehen, die Willebärb ist ja schon lange gestorben, weißt´s denn nicht mehr?"

Und da fällt es ihm auch ein; aber heimlich drängt es ihn, dem Worte der Alten zu folgen; er läßt sich etliche Bergleute aus Manebach bei Ilmenau kommen und an der bezeichneten Stelle einschlagen.

Kaum waren die Arbeiter einen Klafter tief gekommen, so wurde ein vortreffliches Gipslager aufgedeckt, daß äußerst ergiebig war und mit reichlichem Gewinn viele Jahre lang fortgebaut ward. Aber als Herr Heinrich Eißbrückner die Augen zugetan, war auch die Gipsgrube wieder zum Erliegen gekommen, und nur eine Stelle verrät ihr ehemaliges Vorhandengewesensein.

Seelweckchen

Auf der Mauer der steinernen Brücke, welche nahe beim Kloster Veßra über die Schleuse führt, ganz nahe der Stelle, wo diese sich mit der Werra vereinigt, erblickt man eine Brezel und einen Namen dieser Gestalt

ANNA ARNERTA  + 1612 -

als Wahrzeichen eingehauen. Diese Zeichen sollen ihren Ursprung einem Ereignis danken, das zur Sage verklungen ist.

Ein junges hübsches Bäckermädchen aus Themar, die einzige Tochter wohlhabender Eltern, wurde mit einem Korbe voll Brezeln und Semmeln nach Kloster Veßra geschickt. Da der Korb schwer war, so ruhte das schöne Kind sich auf der dazu ganz geeigneten Brückenmauer aus, nahe da, wo sich die Wege scheiden. Sei es nun, daß des Korbes Schwere allein die Jungfrau rücklings niederzog, sei es, daß der dort wohnende Wassergeist Hackelmärz dies tat, genug, sie sank samt ihrem Korbe rücklings nieder und fand ihren Tod in der Flut. Am anderen Tage wurde sie erst gefunden. Die Eltern ließen alle Jahre an dem Unglückstage ihrer Tochter Semmeln und Brezeln an die Schulkinder verteilen, auch auf die Veßraer Brücke zum Andenken, oder auch zur Warnung für diejenigen, welche schwer belastet da vorüber kommen und in ähnlicher Gefahr geraten möchten, jene Zeichen in die Mauer einhauen, welche stets an den Un-

glücksfall erinnern. In dem Testament der Eltern des verunglückten Mädchens war der Armen- oder auch Seel-Kasse-Themar eine beträchtliche Summe zugedacht; auch die alljährliche Verteilung der Semmeln unter die Schulkinder bestand fort, und besteht heute noch.

Die Kinder heißen die Semmeln „die Seelweckchen"; und auf einem Hause nahe an der Seelpforte ruht neben der Rechtsame, daß, wer dieses Haus besitzt, rasieren darf (wenn er nämlich das Geschick dazu hat) und diese, daß bei der Verteilung der Seelweckchen für 4 Batzen (etwa 60 Pfennige) Semmeln dahin geschickt werden.

Vielleicht war es die Wohnung jener Bäckersleute. Jetzt soll noch zuweilen auf der Veßraer Brücke das verunglückte Mädchen in einem schneeweißen Gewande erscheinen, und ängstlich hin und her wandeln, als habe sie hier etwas zu suchen. Auch einen Reiter ohne Kopf will man des öfteren da gesehen haben.

Von dieser Brücke heißt es noch, und es ist zum spöttischen Sprichwort geworden: wenn ein Mädchen keinen Mann bekommt, so muß sie die Veßraer Brücke scheuern und den Fröschen warme Socken flicken.

Eine Schatzgräbergeschichte von Kloster Veßra

Unzählig sind die Sagen, die von verborgenen Schätzen erzählen. Es gibt wohl kein Land, in dem sie nicht anzutreffen wären, und kaum eins, in dem sie so zahlreich und vielgestaltig wuchern wie in Thüringen. Und wie vielen Sagen ein Körnlein Wahrheit zugrundeliegt, so beruht auch oft die Kunde von verborgenen Schätzen auf einer sich im Volk forterbender Erinnerung an ein Geschehnis in längst vergangener Zeit.

Die vielen Kriege des Mittelalters, vor allem aber die schreckliche Zeit des Dreißigjährigen Krieges möchte man als den Nährboden ansehen, auf dem diese Sagen gewachsen sind, und die nun hineinraunen in unsere Zeit und von verborgenen Schätzen wissen, die ihrer Hebung harren. Freilich, uns modernen Menschen würde es wohl kaum einfallen, zu mitternächtiger Stunde mit Wünschelrute und Spaten auf irgendeiner wüsten Stätte, sei es auf einer alten, verfallenen Burg, sei es in Höhlen oder auf Bergen, nach Schätzen zu graben.

„Mache einen Kreis von neunerlei Holz", heißt es im alten Puppenspiel von Doktor Faust. Nein, solchen Hokuspokus glaubt heute kein vernünftiger Mensch mehr.

Das 17. Jahrhundert jedoch, die „Blütezeit" des Hexenwahns, des Aberglaubens und der Teufelsbeschwörung, jene Zeit, in der jeder Fürst seine Alchimistenküche hatte und die Gelehrten fieberhaft nach dem Stein des Weisen suchten, dachte darin anders. Das Volk, noch ganz im finstersten Aberglauben befangen, stand zu seinen Sagen in einem inneren Kontakt. Und wie viele von ihnen sind gerade erst in jenem geistig dunkelsten aller Jahrhunderte entstanden.

Im 17. Jahrhundert mag man wohl von einer Sage gewußt haben, daß im alten Kloster Veßra ein Schatz vergraben liege. Und da es auch damals schon Leute gab, die gern schnell und mühelos zu Reichtum kommen wollten, beschlossen einige unternehmungslustige Männer den Schatz zu heben.

Es waren diese ein Schieferdecker mit Namen Daniel Blümbler, ein Leinweber aus Dambach und ein Melchior Griebel aus Ahlstädt. Diese drei waren am Sonntag, den 9. Februar 1690 nach Veßra gekommen und hatten sich „unter währenden Gottesdienst" ins alte Kloster begeben. Einige der Klosterleute mutmaßten dann auch sofort, was die Drei im Schilde führten. Sie begaben sich in Hans Rampels Haus, wo die Schatzgräber eingekehrt waren, um deren Tun ein wenig zu observieren. Der Schieferdecker hatte sich krank gestellt, doch die beiden anderen gingen mit einer Wünschelrute „hinten im alten Kloster herum",

um nach der Stelle zu suchen, an der der Schatz vergraben liegen sollte. Solches Tun konnte natürlich dem Veßraer Amtmann nicht verborgen bleiben. Er hatte unerkannt aus einem Fenster zugesehen und betreute den Wiesenknecht Gebhardt mit der Aufgabe, die Schatzgräber zu beobachten. Der Schieferdecker blieb noch einige Tage im Rampels Behausung, ohne daß man etwas Verdächtiges wahrnahm. In der Dienstag Nacht aber ging er, der anscheinend der spiritus rector des ganzen Planes war, mit dem Präzeptor ins alte Kloster. Der Amtmann, der hiervon Wind bekam, ließ den Blümbler am anderen Morgen zu sich rufen, doch war er bereits vor Tau und Tag seines Weges fortgegangen.

Die Woche darauf erschien er wieder gegen Abend und kehrte in der Mühle ein. Der Amtmann ließ ihn sofort vor sich kommen und fragte ihn:

1. Von wem er den Befehl habe, im Kloster nach Schätzen zu graben?
2. Er hielt ihm vor, was bereits von ihm gesehen worden.
3. Verbot er ihm ernstlich, fernerhin ohne obrigkeitliche Erlaubnis etwas vorzunehmen.

Der Schieferdecker machte Ausflüchte, doch der Amtmann, dem wohl der vergrabene Schatz selbst im Kopfe herumspukte, sagte schlau, er wisse, wo die Orte wären, an denen etwas liegen sollte.

Am Morgen des nächsten Tages ging der Schieferdecker mit dem Amtmann zu einem alten Ofenherd und ließ allda „eine Rute schlagen". Sei es nun, daß Blümbler des Amtmanns Nebenbuhlerschaft fürchtete, sei es, daß die frühe Stunden zum Schätzegraben ihm nicht geeignet erschien, kurzum, er gebrauchte allerhand Ausreden und machte sich beizeiten davon. Der Amtmann hatte jedoch in der Folgezeit die Augen und Ohren offen.

Inzwischen war auch des Schieferdeckers Kumpan, der Melchior Griebel, wieder da gewesen und hatte dem Wiesenknecht Gebhardt erzählt, daß ganz gewiß ein Schatz unter dem alten Ofenherd vergraben liege und nicht „über einer Bank dieff stünde".

Gebhardt sah sich darauf den Fleck an und fand, daß allda bereits gegraben worden war. Unter dem Sand versteckt gewahrte er einen hineingeschlagenen eichenen Pflock, „worinnen von oben hinunter ein klein´ Löchlein gebohret und wieder ein klein´ Birken Pflöcklein geschlagen war."

Der Wiesenknecht zog den Pflock heraus und fand dabei ein zusammengerolltes Papierlein, das wohl allerlei Formeln oder einen Zauberspruch enthielt. Dieses brachte er dem Amtmann, der es mit einem ausführlichen Bericht an die hochfürstlich-sächsische Kanzlei nach Schleusingen schickte.

Dorthin war die Kunde von den Schatzgräbern bereits gelangt und da die „hochedelgeborenen und die wohlgelahrten Herren" da selbst sich ebenfalls den Schatz nicht entgehen lassen wollten, schickten sie „etliche Musketiere in Meinung, den Schieferdecker beym Kopf zu bekommen", nach Veßra. Doch der Vogel war bereits ausgeflogen, er mochte sich nicht mehr ganz sicher gefühlt haben. Dem Amtmann ließ jedoch der Schatz keine Ruhe.

Der Wiesenknecht hatte ihm erzählt, daß Blümbler unter dem alten Herd ein Eisenkästchen vermute, in dem sich der Schatz befinden soll, da die Wünschelrute immerfort auf diesen Fleck schlage. Er schrieb an die sächsische Kanzlei, mit dem unmaßgeblichen Vorschlag, „man nehme bey Tages etliche Leuthe und ließe ein wenig suchen".

Da aber nun ein richtiger Schatz unbedingt um die Geisterstunde unter allerlei geheimnisvollen Zeremonien gegraben werden muß, der Amtmann aber als guter Christenmensch ein solches Gaukelwerk als ungeziemend verabscheute, war es erklärlich, daß ihm das Glück nicht gnädig war. Der Schatz blieb ungehoben, doch gaben weder der Amtmann noch die Herren auf der Kanzlei zu Schleusingen die Hoffnung auf, ihn eines Tages doch noch ans Tageslicht zu befördern.

Es verstrich eine ganze Reihe von Jahren. Der Schatz spukte noch immer in den Köpfen und in den Akten der hochfürstlichen Kanzlei, wo sie bereits anfingen, gelinde zu verstauben. Und eines Tages, im Oktober 1701 spukte auch wieder Schieferdecker Blümbler mit seiner Wünschelrute im Kloster Veßra.

Es muß eine recht heimtückische Wünschelrute gewesen sein, denn sie schlug unentwegt auf die alte Stelle beim Ofenherd, worinnen noch immer die beiden Pflöcke steckten. Trotzdem das Loch bereits über zwei Ellen tief gegraben war, erblickte man keine Spur eines eisernen Kästchens, geschweige den eines Schatzes. Der Amtmann, dessen beharrliche Geduld allmählich zu schwinden begann, mutmaßte, „daß es mit Schellenstückchen versetzt sei und auch mit solchen Dingen müßte gewonnen werden, wozu aber dieser alberne Bauer zu leichte ist, wiewohl er noch immer Hoffnung macht."

Die Kanzlei in Schleusingen hatte es sich ihrerseits jedoch in den Kopf gesetzt, den Schatz zu heben. Auf eine dahingehende Weisung an den Amtmann schrieb dieser zurück, daß man trotz allen Grabens nichts finde, es scheine mit „bösen Dingen" zuzugehen. Der Schieferdecker sei des Grabens müde, er wolle fortgehen und beichten.

Damit schließt die Korrespondenz über den Schatz, der elf Jahre lang die Gemüter in Aufregung hielt. Ob ein anderer mehr Glück hatte? Oder ob der Schieferdecker gar kein solch alberner Bauer war, für den ihn der Amtsmann hielt und den Raub schon längst in Sicherheit hatte, als die anderen noch lange Briefe darüber wechselten? Wer kann es wissen? Die Sage weiß heute nichts mehr davon zu künden. Aber vielleicht liegt der Schatz auch heute noch dort versteckt.

Das altergraue Kloster der Henneberger Grafen sieht so nicht danach aus, als ob es mehr als eine Geheimnis berge, das unseren spähenden Augen für immer verborgen bleiben soll.

Der Mönchstein

Im Tale aufwärts vom Kloster Veßra nach Schleusingen zu, findet der Wanderer unterhalb Rappelsdorf und unweit Zollbrücke auf einer Wiese einen mächtig großen Stein stehen, welcher im Volke der Mönchstein genannt wird.

Insgemein erzählt man sich, es habe ein Mönch aus Kloster Veßra den Stein zur Buße vom Kloster aus bis zu der Stelle, wo der Stein steht, auf seinen Achseln getragen, und dadurch zugleich das Klostergebiet bis zu diesem Stein erweitert; eine alte schriftliche Nachricht aber meldet:

Bei der Gründung und Erbauung des Klosters Veßra durch den Grafen Gotebaldus oder Gottwalt von Henneberg um das Jahr 1130 erbot sich ein Mönch, den Stein eine merkliche Weite zu tragen, unter der Bedingung, daß der Graf dem Kloster so viele Wiesen zu eigen gebe, so weit der Mönch trug den schweren Stein diese weite Strecke, fast eine halbe Meile Weges weit, und sank dann tot nieder.

Die Nixe aus der Totenlache

Nahe bei Rappelsdorf, zwischen Schleusingen und Kloster Veßra, liegt ein der Sage nach unergründlich tiefes, mit Wasser gefülltes Loch, über 400 Schuh lang und gegen 100 Schuh breit, merkwürdig und verrufen beim Volk der ganzen Umgegend und die Totenlache genannt. Dieser Name rührt ursprünglich daher, daß die in Rappelsdorf Verstorbenen, die in Schleusingen beerdigt wurden, gewöhnlich bis an diese Lache mit Leichenbegleitung getragen, dann aber ohne fernere Begleitung nach der Stadt gefahren wurden. Das Wasser ist außerordentlich hell und klar, friert niemals ganz zu, steht in unterirdischer Verbindung mit Höhlen und Klüften des nahen Berges, die Haardt genannt, besonders mit einem Brunnen im Bärengraben, wie durch dort hineingeworfene leichte Körper, die in der Lache zum Vorschein kommen, erforscht sein soll, und wird auch von Jahr zu Jahr größer. Alte Leute haben erzählt, daß kurz vor dem Dreißigjährigen Krieg und besonders vor dem Kroatischen Einfall in Schleusingen Wassermenschen aus der Lache hervorgegangen und unterschiedlich gesehn worden sein.

Erstmals geschah es, daß aus der Totenlache eine Nixe herauskam, anzusehen, wie ein junges schlankes Mägdelein. Um den Hals trug sie ein schwarzes Nüsterband, um den Leibe ein schuppiges Mieder, und vorgestecktem Perlenstrauß. Um die Lenden schlang sich ein häßlicher Fischschwanz. Auf der Hudelburg oder Ruderburg, einem Wirtshaus unweit Rappelsdorf, wurde soeben ein Hochzeitstanz gehalten. Dorthin eilte flugs das Nixlein, setzte sich hinter den Tisch zu einem frischen Junggesellen, der lange Frieder geheißen, und trieb mancherlei Kurzweil mit ihm um die Linde. Dabei vertraute sie ihm manches an, unter anderem auch, daß sie gar zu gern seine Braut wäre, und herzte und küßte ihn. Darüber kam der Abend herbei und die Nacht, und nun sprach das Nixlein weinend zu seinem Frieder:

„Nun muß ich von dir scheiden und wieder in jenes Wasser hineingehen, wo ich wohne. Zu lange bin ich schon hier geblieben bei dir, mein Geliebter, und da ich gegen meines Vaters Gebot hierher gekommen bin, werde ich wohl die hier mit dir genossene Luft mit dem Leben bezahlen müssen. Wie weh tut mit der Abschied! Lebe wohl und gehe morgen hin zu der Lache! Findest du sie hell und grün, so lebe ich; findest du sie aber bleich und totenfarben, so ist´s vorbei mit mir!"

Sie gab ihm einen Kuß und entwich. Am anderen Morgen ging Frieder eilend hin zu dem kleine See und fand ihn bleich und blutig. Voll Sehnsucht und Liebesgram sprang er hinein in die Totenlache, um sich durch den Tod mit der Nixe zu vereinen. - Nicht weit unter Rappelsdorf, links am Wege, liegt noch ein kleiner See, im Sommer von Mümmelchen überblüht, dabei ist es auch nicht geheuer.

Der »Kamelsbrunnen«

Wenn man von Themar aus dem Weißbach entlang nach dem Dorfe Lengfeld zuschreitet, kommt man an eine Vertiefung, in welcher ein Brunnen quillt.

In einem heißen Sommer gingen einmal zwei Männer aus Themar miteinander durch die Feldflur, und einer von ihnen fühlte brennenden Durst. Der Mann war dem Umsinken nahe und sprach zu seinem Nachbar: „Ich will umkehren und wieder heimwärts gehen, daß ich erst meinen Durst lösche."

Und er wandte um, sank aber bald an einem Rain hin, denn er war matt und müde. Da plätscherte etwas in der Nähe. Er raffte sich auf, und als er kaum noch 20 Schritte getan, so sieht er zu seinem großen Wunder ein Kamel, welches sich niederbückt und aus einer hervorsprudelnden Quelle säuft. Vorher war an diesem Ort keine Quelle gewesen. Freudig eilt er hinzu und löscht seinen Durst. Dann verkündete er das Wunder seinen Nachbarn und Freunden, die sich neugierig aufmachten, das Kamel und die neuentdeckte Quelle zu besehen. Frisch und klar wallte das Wasser noch aus der Erde hervor, aber das Kamel war fort und ließ sich später nur noch selten an eben diesem Ort sehen.

Ihm zum Andenken ließen die Themarer sein Bildnis in Stein hauen und über die nochmals sorgfältig gefaßte Quelle aufstellen, die den Namen „Kamelsbrunnen" bekam und heute noch fortsprudelt. Der Ort, wo Kamel und Quelle zuerst gesehen wurden, wird auch die „Kamelskammer" geheißen. Auf beiden Seiten drängt der Wald heran, und der Boden, der sich hier in eine Vertiefung senkt, sieht fast einer Wohnung oder einer Kammer ähnlich.

Dieses Kamel soll zu denen gehört haben, welche die Orientalin mit aus ihrer Heimat brachte, und von jener Zeit an soll sich noch manchesmal im Hennebergischen hier und da ein Kamel erblicken lassen. Nahe der Kamelskammer sind auf dem Felde noch zwei Vertiefungen, von denen die eine die Goldgrube, die andere die Kohlengrube heißt. Es läßt sich aber weder in der einen noch in der anderen das erblicken, wonach sie heißen.

Teufelsburg und Höllenmauer

Weit sichtbar und weit berühmt sind die beiden Gleichberge, der große und der kleine über Römhild. Wetterpropheten beide, sagt von ihnen das Volk, wenn Nebel ihre Häupter einschleiern:

„Die Gleichberge kochen, es wird noch heute eine Suppe geben." - Die Sage geht, daß im großen Gleichberg so viel Wasser sei, um aus demselben einen schiffbaren Strom zu leiten. Unten ist eine Stelle, die heißt der Nebler, allda läßt sich bisweilen ein Feuermann sehen, oben aber ist ein Eisloch, das nennen sie die kalte Hölle. Der kleine Gleichberg wird auch die Steinsburg genannt und hat den Namen von den drei mächtigen Basaltringwällen, die ihn umlagern, aber in der Nähe des Gipfels sich zu großen Strecken ausbreiten.

Des Volkes Sage will, daß einst darauf eine Burg gestanden, welche jedoch nicht allzusehr fest gewesen. Ihr Besitzer war ein alter gräulicher Ritter, der aber eine sehr schöne und tugendsame Tochter hatte. Düster und zurückgezogen, hütete er mit einer alten Amme gemeinsam die Tochter, die aber dennoch einen Liebesbund mit einem jungen Ritter anknüpfte, welcher Ritter aber von dem Alten schnöde zurückgewiesen wurde, als er nun um des Fräuleins Hand anhielt; denn der Alte sagte:

„Lieber gebe ich dem Teufel meine Tochter als dir!"

Da drohte der beleidigte Ritter dem alten Herrn mit feindlichen Überzug und schrieb ihm einen Absage- und Feindesbrief. Jetzt erfaßte Bangen den alten Burgherrn, und er rief den Bösen zu Hilfe und verhieß diesem die Tochter zum Lohne, wenn er ihm die Burg mit einem unübersteiglichen dreifachen Mauerring umgürte, bevor der nächste Hahnenschrei den Tag verkünde. Der Böse willigte ein, und er begann nun in Hast den Bau, unzählbare dienende riesige Geister schleppten endlos Steine, und es wuchs die Umwallung von Minute zu Minute riesengroß. Die Amme aber, die dem Fräulein gar sehr zugetan war, hatte den Bund belauscht und schlich gegen das Frühnot mit der Lampe zum Hühnerstalle, und wie der Hahn das Licht sah, meinte er, es werde Tag, und krähte überlaut. Da bricht das Höllengebäude samt der Burg in tausend und abertausend Trümmerbrocken zusammen, die noch heute den Berg umlagern; der Teufel, der noch einen Felsen zum Schlußstein schleppte, läßt ihn vor Schreck auf einen Berg über Themar fallen und errafft dafür des alten Ritters Seele.

Dem jungen Paar stand kein Hindernis zu seiner Verbindung mehr im Wege. Immer noch sagen die Leute, man erblickte Treppen des alten Schlosses, und ein großer Schatz liege noch im Bergesschoße, der nur durch eine weiße Blume gehoben werden könne.

In der Geistesstunde läßt sich auch droben eine wandelnde Jungfrau blicken.

Jener Stein, den der Teufel fallen ließ, heißt noch der Teufelsstein oder Feldstein und liegt auf einem Berg oberhalb Themars, es ist ein mächtiger Säulenbasaltfels, wie geklaftertes Holz geschichtet.

Ein großer Schatz soll darunter liegen. Oben darauf aber wächst das Irrkraut, welches den, der darauftritt, irre führt, daß er lange umherlaufen muß und nicht den Weg noch Steg findet.

Wem das begegnet, der muß nur schnell sich hinsetzen und die Strümpfe wechseln, so kommt er wieder auf seine richtige Bahn.

Osterburg und Nadelöhr

Unterhalb Themar, in der Nähe des Dorfes Henfstädt, erheben sich auf steilem Kalkberge die Trümmer einer alten, kastellartig mit vier Mauertürmen und einer hochragenden Warte erbauten Burg, die Osterburg genannt, und beherrschen einen eigentümlichen Talkessel, durch den sich ein 16 - 18 Meter hoher Felsendamm wie eine Nadel zieht, den am südlichen Ende die Werra durchbrochen hat, und durch den auch, durch eine enge Felsenpforte, gleichsam des Öhr der Nadel, ein Fußweg führt.

Vor Zeiten soll dieser ganze Kessel ein See gewesen sein. Wäre im biblischen Gleichnis von Kamel und Nadelöhr unter ersterem nicht etwas anderes verstanden, so könnte jenes Kamel, das sich oberhalb Themar sehen ließ, und dem Kamelsbrunnen den Namen gab, gar wohl durch dieses Nadelöhr gegangen sein.

Auch der Wald um die Osterburg heißt Hain, im dortigen Volksmunde „Hän". Unter die Trümmer der Osterburg verlegt die Sage große gewaltige Kellergewölbe voll Riesenfässer, alle gefüllt mit edlem Wein. Aber um den Wein hat sich der Weinstein so dicht kristallisiert, daß er ein natürliches Faß bildet, und um den Weinstein ist das Holz der Fässer und Reifen versteinert. Wenn das kein Steinwein ist, so gibt es keinen mehr.

Auf der festen Burg saß einst ein Burgmann, Dietz Kieseling geheißen, als ein Graf von Henneberg sie belagerte. Auf einmal prasselte ein dichter Hagel auf die Angreifenden herab, der manche Beule schlug, und erstere vermeinten, der Kieseling droben schickte ihnen ganze Sturzbäche von Kieselingen auf die Platten, aber droben gab es leider bereits keine Steine mehr, und was so hart und schwer niederschlug, das waren steinharte Brote und nicht minder harter Kuhkäse, und damit wurden die Angreifenden zurückgeschlagen. Da nun die Burg Eigentum eines Bischofs war, so erhielt sowohl der Besitzer und Eigentümer, als auch die Burg selbst den Spottnamen: „Käs und Brot" - ganz nach der Hennebergischen zum Spott geneigten Landesart.

Die Trompetereiche bei Oberstadt

Wanderst du von der alten Sieben-Türme-Stadt Themar in nordwestlicher Richtung in die Vorberge des Thüringer Waldes hinein, so kommst du nach ungefähr einstündiger Wanderung in das kleine Bauerndorf Oberstadt.

Nach einem kurzen Aufstieg zum Galgenberg führt dich dann schließlich ein schmaler Fußpfad hinunter in einen herrlichen Wiesengrund, umgeben von rauschenden Tannen. An der Kreuzung von fünf Waldwegen lädt dich ein Jagdhäuschen zum Verweilen ein: „Jagdhaus an der Trompetereiche" meldet kurz und bündig die Karte.

Trompetereiche? - Wie war es doch mit dieser Eiche? Müde raunen die Tannen ihr uralt ewiges Lied. Sonne zittert durch dürres Geäst, Mücken summen. Kein Laut in dieser feierlichen Stille. Müde lehnt sich der Wanderer an den schattigen Stamm.

Dreißig Jahre wütete die Kriegsfurie durch die deutschen Lande. Schweden, Tataren und viel fremdes Volk machten das Land unsicher. Ordnung, Gesetz, beides kannte niemand mehr. Goldene Ährenfelder starben unter den Hufen struppiger Kriegspferde, blühende Dörfer sanken in Schutt und Asche. Wollte denn kein Friede werden?

Da, eines Tages, sprengte den Wiesengrund herauf ein fremder Reiter. Er mußte von weit herkommen. Sein Wehrbehang war fremd. Seine Kleidung verschmutzt. Schaum flog dem Pferde um die Lefzen. Scheu sahen die Bauern aus schützendem Tann dem fremden Reiter entgegen. Er winkte ihnen, aber sie trauten sich nicht hinzu. Da sah er vor sich eine mächtige Eiche aufragen. Sie mochte wohl an die 1000 Jahre alt sein. Mit einer letzten Anstrengung schwang er sich auf einen mächtigen Ast hinauf, setzte sein Horn an den Mund und blies immer stärker und lauter, wie man es wohl noch nie gehört hatte. Dann stürzte er plötzlich von dem Baum herunter. Jetzt sprangen beherzte Männer hinzu. „Friede, Friede, es ist Friede im Land", hauchte der Fremde und brach tot zusammen. - Lange starrten die verhungerten und halb verwilderten Bauern den Fremden an. Sie schüttelten ihn, aber der Mund blieb stumm. Friede ist im Land? Ja, war es denn faßbar? Gab es denn so etwas? Dem alten Mütterchen rannen die Tränen über das zerknitterte Gesicht. Jahrzehntelang hatte es auf Friede gehofft. Alle seine Söhne hatte der Krieg verschlungen. Und nun war plötzlich der Friede da! In dieser Nacht brannten hell die Freudenfeuer. Unter der alten Eiche kreisten die Becher, war ein Lachen und Singen bis zum Morgen.

Jahre kamen und gingen. Menschengeschlechter wuchsen und starben wieder. Aber ewig beständig in ihrer Urkraft stand die Trompeteneiche. Noch manches Freudenfest konnte sie miterleben. Am lautesten ging es hier immer zu, wenn der Kurfürst von Sachsen zum fröhlichen Gejage aufrief. Mit Horrido und Hussa ging es durch die Berge zur fröhlichen Jagd auf das edle Wild. Lehnte dann die Dämmerung drüben an den Bergwänden, dann stieg auf Geheiß des Kurfürsten ein Jäger auf die alte Eiche und blies von dort den uralten Jägerruf: „Jagd vorbei!" Schnell sammelte sich alles unter der Eiche. Bald kreisten die Becher, dampften die Schüsseln. Manches wilde Jägerlied erklang, mancher derbe Jägerwitz wurde da an den Feuern erzählt.

Wieder gingen Jahrzehnte hinab in die Ewigkeit. Still ist es um den Riesen geworden. Die vielen Stürme haben die Äste hart und knorrig gemacht. 15 Rinden konnten den Stamm umspannen und ebensoviele fanden innen im hohlen Stamm Platz. Aber jedes Jahr trieb der alten Wotansbaum immer wieder neue Knospen. Er wollte noch nicht sterben. Da, an einem sonnigen Sonntag, schlugen die hellen Flammen aus dem hohlen Stamm. Ein Flüchtling hatte über Nacht hier Unterkunft gesucht, und durch Unvorsichtigkeit ist dann das Feuer ausgebrochen. Mit schweren Äxten hieben die Männer aus Oberstadt den Riesen nieder. Krachend und berstend stürzte er in sich zusammen. Wahrlich ein stolzes Ende. Das geschah im Jahre 1885. In den vermorschten Stamm wurde später eine neue Eiche gepflanzt, die heute noch steht. Auch sie heißt Trompetereiche.

Da veranlaßte der Baron von Eichel aus Marisfeld, dem dieser Wald gehörte, dorthin den Bau eines einfachen Jagdhäuschens am „Kirchberg".

Sollte nicht vor Jahrzehnten oder Jahrhunderten dort einmal ein Dorf gestanden haben, das jetzt verschwunden ist? Der Name „Kirchberg" in dem weiten Waldrevier könnte darauf hindeuten. Bei Waldverordnungsarbeiten stieß man auf zusammengefügte Steine, die als Häusergrundmauern gedacht werden könnten. Auch wurde ein Schlüssel gefunden, der der Sage nach von der dortigen Kirche stammen soll.

Bei Jagden diente es zur Übernachtung der Jäger und zum Unterstellen der Reitpferde. Der Wald wurde später Eigentum des Thüringer Staates. Das unsichtbare Häuschen blieb unbeachtet und verfiel. 1925 bauten Holzhauer ein neues, festeres Jagdhaus an die Trompetereiche. Jäger übernachteten hier, bei Regen fanden Waldarbeiter und Waldbesucher Unterschlupf. An schönen Sommerabenden und an Sonntagen traf sich hier die Jugend aus den umliegenden Dörfern zu manchem frohen Fest.

Der stille Waldfriede um das Jagdhaus und die Trompetereiche wurde durch Krieg gestört, der Feind war im Lande. In den letzten Kriegstagen des April 1945 hatten herumtreibende Soldaten sich dieses im Wald versteckliegende Häuschen als Unterschlupf gewählt. Aber nicht lange, den anrückenden amerikanischen Soldaten wurde es verraten. Diese schossen das Häuschen in Brand, krachend stürzten die rauchenden Trümmer in sich zusammen. Brandruinen zeugen von dem ehemaligen Jagdhaus an der Trompetereiche. Ob bald wieder dort ein neues Jagdhäuschen entstehen wird?

Drüben, zwischen den beiden Birkenstämmen sinkt blutigrot die Sonne. Nebel steigen aus den Gründen. Die aufkommende Kühle läßt den Wanderer erwachen. Bald knisterte das Feuer und malt gespenstige Kringel an den Waldrand. Am Firmament schießen die Sterne empor. Leise raunt der Wald sein uraltes, ewiges Lied.

Erich Pabst

Vergl. Mitteilungen der Gemeinde der Steinburgfreunde 2. Band 1937
5. Heft Seite 18
Schneebach - ein verschwundenes Dorf.
Bibliothek Stadtarchiv Nr. 149

Das unsichtbare Dorf

Zwischen der Stadt Themar und den Dörfern Marisfeld und Oberstadt liegt ein weites Feld, eine sogenannte Wüstung, welche das Gertles, auch Gätles und Gartles heißt.

Dort hat vorzeiten ein großes Dorf gestanden, dessen die Urkunden vom Jahre 1914 schon unter dem Namen Gartilar gedenken, und das schon im 14. Jahrhundert zur Wüstung geworden ist. Auf welche Weise dies geschehen, weiß niemand zu sagen. Die Sage aber spricht:

„Das Dorf ist noch vorhanden, man sieht es nur nicht. Ein Reisender, der an einem Sonntage durch jene Gemarkung schritt, sah vor sich ein schönes Dorf liegen und vernahm das erste Geläute der Kirchenglocken. Als er das Dorf betrat, sah er auch die Kirchgänger zahlreich aus ihren Häusern treten und der Kirche zuschreiten, ihre Tracht war aber auffällig alt. Der Reisende grüßte ei-

nige der Kirchgänger und fragte sie, wie ihres Dorfes Name sei? Aber keiner dankte dem Gruß, keiner sprach ein Wort, und aller Augen waren starr und glanzlos, und ihre Gesichter totenbleich. Da grauste es dem Reisenden, und von einem unaussprechlichen Schauer gepackt, enteilte er dem unheimlichen Dorfe.

Gar Wundersames kündet die Sage vom Glockenschlag der Mitternachtsstunde im verschwundenen Dorf Gertles. Wer den Mut hat, diesen zu hören, kann zu großem Glücke gelangen. Aber er muß dem Schall in jeder der heiligen 12 Nächte lauschen, in der mythischen Zeit vom 1. Weihnachtstage an bis zum heiligen Dreikönigstages. Ein Bauer aus Marisfeld hatte diesen Mut. Jede Nacht in den 12 Nächten ging er auf das verrufene Feld hinaus, hörte nichts, sah nichts - plötzlich, in einer der Nächte schlug dicht in seiner Nähe ein so furchtbar dröhnender Glockenschlag an sein Ohr, als ob er unmittelbar unter der großen Erfurter Domglocke stände, und ehe der vierte Schlag erfolgte, hatte ihn Schreck und Grausen schon zu Boden geworfen, an dem er sich im bangen Schweigen krümmte, wie ein Wurm. Halb sinnlos blieb er liegen bis zum Morgengrauen, dann wankte er nach Hause und lag lange tötlich krank. Dann aber genaß er, und begann wieder zu arbeiten, und nun glückte ihm alles, alles was er begann. Er hatte reiche Ernten, und es würde Korn und Weizen gewachsen sein, wenn er Steine gesät hätte. Er wurde der reichste Mann des Dorfes und zwar ohne allen Schaden an der Seele.

Aber von der Zeit an entstand das Sprichwort, wenn einer zu unbegreiflich schnell wachsendem Reichtum gelangt: „Der hat es in Gertles zwölf schlagen hören."

Wassergeist Hackelmärz

Das Begegnen eines männlichen Wassergeistes mit bestimmten Namen ist in den Sagen Thüringens von sehr seltenem Vorkommen.

Der Hackelmärz wohnt in der Werra und Schleuse; die Kinder fürchten ihn sehr, wenn sie baden, und machen sich einander gegenseitig mit ihm zu fürchten, indem sie rufen: „Hu! Reiß aus! Der Hackelmärz kommt!"

Sie denken sich ihn als langen, dürren, graubärtigen Wassermann, mit geschlitzten Schlapperohren, der nach ihnen fahndet, wenn sie baden, und sie dann unter dem Wasser erstickt.

Man kann bei dem Namen an den westfälischen und harzischen wilden Jägergeist Hackelbernd und Hackelnberg denken. Bernd ist, der zusammengezogene Name Bernhard, und März ist Martin, wie man im Hennebergischen kurz aus Lorenz, Murz aus Moritz bildet.

Auch das Andenken der Frau Holle lebt in unserem Tale fort: Die Kinder sagen, wenn es im Winter so recht in dicken Flocken schneit: „Die Frau Holle schüttelt ihr Federbett aus!"

Die Macht des Hackelmärz erstreckt sich weit; zwischen der Mühle von Rappesldorf bei Schleusingen und der Papiermühle bei Schwarzbach, am Anfange des in die Schleuse mündenden Schwarzbaches, muß der letztgenannte Fluß alle Jahre einen Toten haben.

Vergl. Bechstein, Deutsches Sagenbuch Seite 479, Nr. 728

Themer on mei liebe Frah.

Nis schünn´res off der Welt müg´s gah
Als Themer on mei liebe Frah!
Die senn mir ganz ohn´s Herz gewasse,
Wer´n mich meladig net verlasse.

En Themer erstlich senn die Weck
So gut, mer müg se ner derschmeck,
Ze will mer ann´re; mer werd abe
Net sot dervoh en ganze labe.

Ganz eintrchtlich is ach mei Frah:
Will ich regier, ze will sie´s ah;
Doebei ersport se mir des Rede,
On pfeuft mir für, bi off´r Flöte.

En Themer senn die Leut so gut,
Mer faßt doe or´ndlich fresche Muth.
Die Kaufleut gabe än vielfältig
Ihr´n Daume zu, ganz unentgeltlich.

En Koche is mei Frah gescheckt!
On bos se ohfängt, - Alles glöckt! -
Is d´s Kaffe-Wasser ohgelasse,
Noch brengt se Sotz, on denkt, ´s wär Kaffe.

Die them´re Werth senn gute Leut,
On führ´n ihr Werthschoft ganz gescheit:
Weil sei en Sommer wärm Bier schenke,
Kriegt mer´s en Wenter kalt ze trenke.

Mei Frah muß richtig seälig wär;
Denn en der Höll wär´s nis mit ihr:
Sie hot ke Zäh mieh vorn on henne
On wür net Zähgeklapper könne.

En Themer gitt´s ach Honratio!
Die fange Alles führnehm oh. -
Wür mer die them´re Bauer nenne,
Ze wär´n se Alle dront ze fenne.

Sieth mer mei Frah voh Weite geäh,
Ze denkt mer, sie wär goer net schüe;
Doch en der Neäh! - ´shot goer ken Zweifel,
Doe is se gerstig bie der Teufel.

Dröm koh´s nis Schünneres gegah
Als Themer on mei liebe Frah.
Ich lab so glöcklich doe en Stelle;
´S werd Kehner mit merh hannel welle.

Heinrich Mylius

Bildanhang

Mauergasse vor 1874, Repro: Großmann, Hildburghausen

Ehemaliger Wassergraben an der Stadtmauer (um 1900), heute Leninstraße
Repro: Großmann, Hildburghausen

Inschrifttafel zur Grundsteinlegung der Stadtkirche, Foto: Großmann, Hildburghausen

Datierung »1560« am Kirchturm, Foto: Großmann, Hildburghausen

Ehemaliges Badehaus an der Stadtmauer, Foto: Großmann, Hildburghausen

Bauinschrift »1557« mit Hennen-Wappen an der Stadtmauer, Foto: Großmann, Hildburghausen

Marktplatz vor 1874, Repro: Großmann, Hildburghausen

Das kleine Wohnhaus Kirchplatz Nr. 7 bewahrt die älteste Bausubstanz der Stadt Themar
(Mauerstück der mittelalterlichen Kirchhofsumwehrung)
Foto: Großmann, Hildburghausen

Luftaufnahme um 1930, Repro: Großmann, Hildburghausen, Archiv: B. Knittel

Repro: Großmann, Hildburghausen, Archiv: B. Knittel

Repro: Großmann, Hildburghausen, Archiv: B. Knittel

Kunstvolle Datierung eines Fachwerkhauses, 1688 (Mauergasse)
Foto: Großmann, Hildburghausen

Obere Mühle, Aufnahme vor 1874, Repro: Großmann, Hildburghausen

Siegel und Unterschrift (Vertrag) der Stadt und des Thüringer Barockbaumeisters Ch. Richter (1707), Repro: Großmann, Hildburghausen

Repro: Großmann, Hildburghausen, Archiv: B. Knittel

Repro: Großmann, Hildburghausen, Archiv: B. Knittel

Repro: Großmann, Hildburghausen, Archiv: B. Knittel

Repro: Großmann, Hildburghausen, Archiv: B. Knittel

Repro: Großmann, Hildburghausen, Archiv: B. Knittel

Repro: Großmann, Hildburghausen, Archiv: B. Knittel

Repro: Großmann, Hildburghausen, Archiv: B. Knittel

THEMAR
Partie an der
Stadtmauer

Repro: Großmann, Hildburghausen, Archiv: B. Knittel

Repro: Großmann, Hildburghausen, Archiv: B. Knittel

Inhalt: